全民阅读
中华文明史系列

大清之风
一本书读懂清代文明

姜 越 ◎编著

群言出版社
QUNYAN PRESS
·北京·

图书在版编目(CIP)数据

大清之风：一本书读懂清代文明 / 姜越编著. --北京：群言出版社，2015.8（2022.8 重印）
ISBN 978-7-80256-834-1

Ⅰ.①大… Ⅱ.①姜… Ⅲ.①文化史-中国-清代-通俗读物 Ⅳ.①K249.03-49

中国版本图书馆 CIP 数据核字（2015）第 182321 号

责任编辑：陈　芳
封面设计：侯泰设计工作室

出版发行：群言出版社
社　　址：北京市东城区东厂胡同北巷 1 号（100006）
网　　址：www.qypublish.com（官网书城）
电子信箱：qunyancbs@126.com
联系电话：010-65267783　65263836
法律顾问：北京法政安邦律师事务所
经　　销：全国新华书店

印　　刷：北京洲际印刷有限责任公司
版　　次：2015 年 11 月第 1 版
印　　次：2022 年 8 月第 2 次印刷
开　　本：640mm × 960mm　　1/16
印　　张：15.25
字　　数：240 千字
书　　号：ISBN 978-7-80256-834-1
定　　价：58.00 元

【版权所有，侵权必究】

如有印装质量问题，请与本社发行部联系调换，电话：010-65263836

前言

清朝，是中国历史上第二个由少数民族建立的统一政权，也是我国封建社会的最后一个王朝，对中国历史产生了深远影响。尤其在康、雍、乾三朝，发展到鼎峰，这一时期统一多民族国家得到巩固，基本上奠定了中国版图，同时君主专制发展到顶峰。在此鼎盛时期，清朝从政治、经济、文化、建筑、生活习俗等方面在传承的基础上不断地创新与发展。

清王朝是在窃取明末农民大起义胜利果实的基础上建立起来的，它前后共经历266年。在政治上，清朝沿袭和发展了高度中央集权封建君主专制的统治，在社会经济、民族文化和国家统一等方面，清朝也处于最高阶段。同时，清朝又是我国从古老的封建社会逐步沦落为近代半殖民地半封建社会的转折时期。

清朝在鸦片战争以前，出现了一批大型的商业资本。当时的商业资本所积累的巨额财富，除了扩大经营以外，已有一部分投向生产，为资本主义因素的发展提供了必要的历史前提。随着商品经济的发展和我国各兄弟

民族之间长期的经济交流和文化往来，彼此之间的联系更加密切。因此，这一时期统一的多民族封建国家进一步巩固和发展也是必然趋势。

清朝经济变化的趋势，大体上可以分为前后两个时期。前期是从进入北京建立政权（1644年）起至乾隆末年（1795年）止，史称康、雍、乾时代，为清最强盛富庶的时期，这种强盛兴旺局面到了嘉、道时期至清政权被推翻的宣统末年（1911年）止，社会政治、经济便逐渐走向衰微没落，进而呈江河日下之势。为巩固政权，维持国家的财政收入，清王朝尤其是康熙朝采取了一系列恢复和发展社会经济的政策措施，使社会经济从崩溃走向恢复，并得到一定程度的发展。雍正至乾隆年间，社会经济获得了稳定的增长，出现了繁荣的局面。

为弘扬传统文化，普及中华文明与历史知识，本书通过优美生动的文字、简明通俗的语言，以图文并茂的形式，深入浅出地解读清代历史文明。书中从制度、经济、科技、思想、文学、艺术、习俗等方面，展示了清代的社会风尚与精神面貌。本书涵盖容纳了清朝文明的各个方面，同时具备大规模学术著作的系统性、严密性与历史普及读物的全面性、简易性，它既可作为大型工具书检索中华文明的各个成分，又可作为通俗的读物进行浏览。

第一章　时代新秀——光辉灿烂的农业与手工业文明

清代是我国传统农业发展的第四阶段,这一时期,农业生产既有较大的发展,又受到严重的制约。这一时期粮食生产得到空前的发展,农业技术在传承中创新,农业著作也应时而生。手工业是这一时期的集大成者,尤其是制瓷技术的改进达到了顶峰。清代的刺绣逐渐形成流派,走向成熟,剪刻技术和塑作手工业也得到了发展。

产粮进入新时代 …………………………………………… 002
农业推广精耕细作 ………………………………………… 004
综合农书:《授时通考》…………………………………… 006
复兴瓷都景德镇 …………………………………………… 008
绝世彩瓷:康熙五彩 ……………………………………… 010
清代独创:粉彩 …………………………………………… 013
瓷中瑰宝:珐琅彩 ………………………………………… 015
器道统一:文人壶 ………………………………………… 018
清代之最:"青花茶具" …………………………………… 021
千文万华的漆艺文明 ……………………………………… 023
"四大名绣"实至名归 …………………………………… 025
民间剪刻艺术的发展 ……………………………………… 028
民间塑作手工艺术 ………………………………………… 032
扩展阅读　清代德化白瓷 ………………………………… 034

第二章　谁与争锋——问鼎世界的清代商业文明

清朝经济发达,人口剧增——乾隆时期已达三亿,与之相对粮食作物的产量需求也进一步提升。因此清朝采取开垦荒地、移民边区及推广新作物等

措施以提高生产量。由于国内与国外的贸易提升,促进了商业的发展。清朝商业发达,前后形成了中国十大商帮。其中晋商、徽商支配中国的金融业,闽商、潮商掌握海外贸易,对清代发展起一定的推动作用。

富甲华夏的"晋商" ……………………………………………… 036

汇通天下的"票号" ……………………………………………… 038

天下第一号:日昇昌 ……………………………………………… 040

无徽不成的"徽商" ……………………………………………… 043

独占北方的"商帮" ……………………………………………… 046

商界翘楚:乔致庸 ………………………………………………… 049

世界首富:伍秉鉴 ………………………………………………… 052

扩展阅读 "一文钱"的故事 …………………………………… 055

第三章 碧园皇庭——独具特色的清代建筑文明

明清时期的建筑,无论在技术上还是在艺术上,都趋于完美。无论是从私宅府邸,还是皇宫庭院,抑或是园林建筑,总体上形成了独具特色的建筑风格。

南秀北雄的园林文明 …………………………………………… 058

万园之园:圆明园 ………………………………………………… 062

园林博物馆:颐和园 ……………………………………………… 064

最大帝王宫苑:承德避暑山庄 ………………………………… 066

独特民居:四合院 ………………………………………………… 068

独一无二的"土楼" ……………………………………………… 070

最大皇帝陵:清东陵 ……………………………………………… 072

扩展阅读 帝王陵寝:清西陵 …………………………………… 074

第四章　凤毛麟角——清代文化新气象

由于清代中央集权制发展到极致，社会结构不曾形成突破性的变化，传统的思想、学术、风俗、心态趋于成熟，致思、内向、非竞争性的国民性格完全定型，阔大、精巧与空疏、呆滞逐渐衍化成为某种带有普遍性的氛围。于是，清代的文化便具有了不同于以往的特色，它没有创新的冲动，却显示了系统、缜密的风格。它也没有汉唐时代的稚气天真，没有两宋时期的纤秾得体。相比之下，清代的文化显得成熟凝重。

千古奇书《红楼梦》·················· 078

文言巅峰《聊斋志异》················ 081

批判之最《儒林外史》················ 084

文化饕餮《四库全书》················ 087

批判怪杰：金圣叹···················· 090

旷世奇才：龚自珍···················· 093

扬州怪才：郑板桥···················· 096

扩展阅读　刘墉戏和珅················ 098

第五章　南腔北调——曲艺"唱响"华夏新文明

以戏曲、曲艺、舞蹈和音乐为标志的表演艺术的各个门类，在清代都有了长足的发展。其中戏曲艺术迎来了自身发展历史的又一个高峰，曲艺中新生的曲种大量涌现，舞蹈和音乐在继承优秀传统的基础上也取得了新的成就。

国粹——京剧的诞生·················· 104

洪昇与《长生殿》···················· 107

孔尚任与《桃花扇》·················· 110

开启相声艺术文化之先河·············· 113

皮黄腔艺术的形成···················· 117

梆子腔臻于成熟 ·············· 120

说唱艺术的兴盛 ·············· 123

秧歌戏蓬勃发展 ·············· 127

扩展阅读　吹吹腔 ·············· 129

第六章　别"具"风采——盛世繁华的清代家具

我国家具在清初这一时期基本延续了明代家具的风格。在康熙、雍正、乾隆三代盛世时期，社会财富的积累达到顶峰，皇家的园林建筑大量兴建，清朝皇帝为显示正统的地位，对皇室家具的形制、用料、尺寸、装饰内容、摆放位置等都要过问，工匠为了完成皇帝的旨意，在家具造型和雕饰上竭力显示皇家的正统、威严，讲究用料厚重，尺度宏大，雕饰繁复。

沉重瑰丽的京式家具 ·············· 132

引领潮流的广式家具 ·············· 134

传承发展的苏式家具 ·············· 137

形式各异的"凳"文化 ·············· 139

清式座椅见功夫 ·············· 142

古香古色的桌台架格 ·············· 145

扩展阅读　宫中工匠的待遇 ·············· 146

第七章　妙笔生辉——流派纷呈的清代书画文明

清代的书画艺术，继续着元、明以来的趋势，文人书画日益占据画坛主流，山水画的创作以及水墨写意画盛行。在文人画思想的影响下，更多的画家把精力花在追求笔墨兴趣方面，造成了形式面貌的更加多样，愈加派系林立。在董其昌"南北宗论"的影响下，清代书画流派之多，竞争之烈，是前所未有的。

开创碑学之风：邓石如 ·············· 150

清初画坛"四王" …………………………………… 151

花鸟名家：恽寿平 ………………………………… 155

笔墨创新之典范：石涛 …………………………… 158

画坛群雄："扬州八怪" …………………………… 162

程邃印派 …………………………………………… 167

黄牧甫与黟山派 …………………………………… 168

"浙派"印刻文明 ………………………………… 171

"娃娃年画"的雅俗文明 ………………………… 176

扩展阅读　北方木版年画"杨柳青" …………… 177

第八章　宫俗民风——别具特色的清代生活文明

民风习俗指的是个人或集体的传统风尚、礼节、习性，是特定社会文化区域内人们共同遵守的行为模式或规范。主要包括民族风俗、节日习俗、传统礼仪等等。清朝是一个多民族时代，在这个时代，生活着50多个民族。满族是统治民族，其社会生活习俗，必然对被其统治的各民族产生深远的影响。

生活中的歌舞习俗 ………………………………… 182

宫廷宴享乐舞习俗 ………………………………… 185

国制下的冰嬉运动 ………………………………… 187

民族节日歌舞文化 ………………………………… 191

宫廷游戏"九九消寒图" ………………………… 194

宫廷"围棋"的盛行 ……………………………… 196

宫廷"宠狗"习俗 ………………………………… 199

鼎盛的"茶馆"文明 ……………………………… 200

扩展阅读　清朝宫廷选美 ………………………… 203

第九章　金字招牌——经久不衰的"老字号"文化

老字号是中国历史文化的宝贵遗产，有着浓郁、鲜明的民族特色。它们不仅仅是一家家传统老店，不仅仅是一项项传统技艺，不仅仅是一款款独具特色的产品，更是悠悠岁月凝聚起来的中华文化的瑰宝！有清一代，一些金字招牌闻名遐迩，传承至今。老字号不仅是一种商贸景观，还是一种历史传统文化现象。

传世京宴"全聚德" ………………………………………… 208

杭州菜馆"楼外楼" ………………………………………… 210

南味北卖"稻香村" ………………………………………… 213

翰墨书香"荣宝斋" ………………………………………… 215

天津一绝"狗不理" ………………………………………… 219

风味独特的"都一处烧麦" ………………………………… 221

"顶顶"大名"盛锡福" ……………………………………… 223

步步高升"内联升" ………………………………………… 225

中药名铺"同仁堂" ………………………………………… 227

扩展阅读　一得阁的由来 ………………………………… 230

第一章

时代新秀
——光辉灿烂的农业与手工业文明

清代是我国传统农业发展的第四阶段,这一时期,农业生产既有较大的发展,又受到严重的制约。这一时期粮食生产得到空前的发展,农业技术在传承中创新,农业著作也应时而生。手工业是这一时期的集大成者,尤其是制瓷技术的改进达到了顶峰。清代的刺绣逐渐形成流派,走向成熟,剪刻技术和塑作手工业也得到了发展。

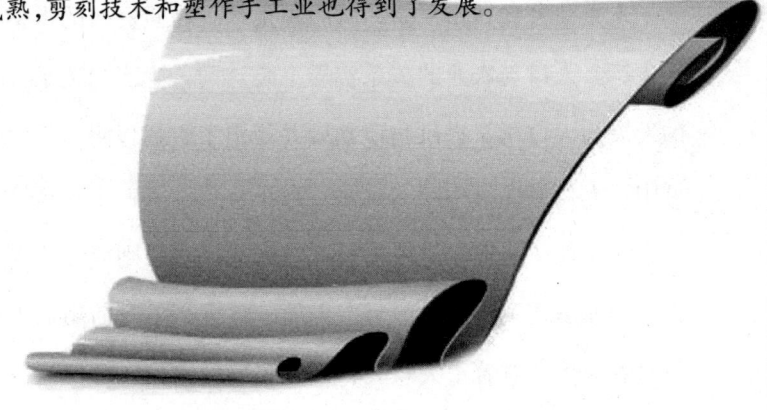

产粮进入新时代

清朝时，在国家长期和平统一局面下，土地大量垦辟，农区空前扩展，南北差距正在缩小，但某些地区的生态平衡也受到了破坏。几种重要农作物的引进和推广，加速了耕地的扩展、粮食的增产和在这基础上商业性农业的兴起，但在多种经营进一步发展的同时，农牧比例逐渐出现不平衡的状态。土地利用更为集约，耕作栽培更为精细，尤其是在人口增长导致全国性耕地紧缺的情况下，人们在千方百计垦辟新耕地的同时致力于提高复种指数，土地利用率达到传统农业的最高水平。但农业技术虽然继续发展，农业工具却甚少改进。土地利用率和土地生产率虽有明显提高，农业劳动生产率却有下降的趋势。

在制约明、清农业发展的诸因素中，人口因素的作用很大，需要在这里作简要的说明。

人类社会存在相互制约的两种生产：物质资料的再生产和人类自身的再生产。人口与农业的关系实质上是这两种生产的关系。一方面农业生产的发展为人口增长提供物质基础并规定了它的极限。在农业经济的不同类型中，人口演变有不同的规律：在正常条件下，小农经济占统治地位的农区，人口往往能较稳定地增长，牧区人口增长则因牧业受自然条件变化巨大影响而呈现不稳定性。另一方面，在生产工具简陋的古代，劳动力的数量对农业生产有着重大意义，因而人口的消长、转移、分布极大地制约着农业生产的发展，对不同时代、不同地区农业面貌产生深刻影响。

我国历史上的人口发展呈波浪形曲线上升，并形成若干梯级。先秦时代生产力水平低下，人口还很稀少，也缺乏可靠的人口记载。战国以后，生产力出现飞跃，人口增长也较快。汉代始有全国人口统计数字，从那时到五代，人口反复波动，最高人口数没有超过0.6亿的。

宋代南方大规模的开发导致人口开始了长期的增长，宋代最高人口数已突破1亿。明代盛期人口在1.2亿左右。到清代又上了新的台阶，人口长期持续高速增长。康熙末年已恢复明盛世人口水平，乾隆末年人口猛增为3亿，至鸦片战争前夕，人口已突破4亿大关。清代，人口的空前增长原因是多方面的，而农业生产的相应发展无疑是重要前提。明、清农业发展存在一些有利条件。我国自元朝以后再也没有出现过全国性的分裂局面。但元代国祚短暂，又实行严酷的民族压迫与掠夺政策，农业生产遭到破坏，入明后才有了长时间的和平和统一。满族入关建立清朝后，内地与草原为一家，结束了游牧民族和农耕民族长期军事对峙的局面，又镇压了各地的反清势力，调整了阶级关系和民族关系，国家空前统一，社会空前稳定。这种局面对农业生产发展十分有利。

清代农业生产的发展是显著的。据近人研究，明万历年间我国耕地面积约为7.6亿市亩，粮食亩产量1.65石，合243市斤，粮食总产约为1446亿市斤。清代鸦片战争前夕耕地面积为11.47亿亩，比明后期增加64%。粮食亩产量为2石，合310市斤，比明后期增长27.6%。粮食总产量为3022亿市斤，比明后期增长一倍多，稍稍超过20世纪前期所谓旧中国农业"黄金时代"1936年2744亿斤的粮食总产量，达到我国传统农业时代粮食生产的最高峰。像清代这样严重的人口膨胀的压力，若转移到任何别的国家，恐怕都足以把这个国家的农业压垮。中国传统农业发展虽然也受到它的严重制约，但毕竟凭借其顽强的生命力经受了这次历史考验。它依靠什么办

法呢？不外是三条。第一条是千方百计开辟新耕地；第二条是引进和推广新作物，这两条相互联系；第三条是依靠精耕细作传统，提高土地利用率和单位面积产量，这条最重要。正是全国性人多地少格局的形成使精耕细作进一步成为不可逆转的趋势。

知识链接：

清代砂田

大约在清康熙年间，以兰州为中心的陇中干旱瘠薄地区，出现了举世称奇的砂田。砂田有旱砂田和水砂田之分。建造砂田，先要深耕，施足底肥，耙平墩实，然后在土面上铺上粗砂和卵石或片石的混合体，其厚度，旱砂田约8—12厘米，水砂田约6—9厘米。每铺一次可有效利用三四十年，老化后要重新起砂、铺砂。砂田具有增温、保墒、保土、压碱等综合性能，比一般田有明显增产作用，十年以内的新砂田增产幅度可达30%—50%，而且不用施肥，杂草也少。清代的砂田有效地促进了陇中农业的发展。

农业推广精耕细作

间套作和轮作复种已是一种多物种、多层次的立体布局，这种充分利用土地的方法还可以从大田扩展到水体，从种植业扩展到多种经营。例如，汉代已出现利用陂塘灌溉种稻，塘内养鱼种莲，堤上植树的综合土地利用方式，考古工作者已发现许多反映这种情况的汉代陂塘水田模型。

《水经注》卷二十八《沔水》载东汉习郁依"范蠡养鱼法",在大陂中引水作小鱼池,"楸竹夹植,莲芡覆水",亦属此类。明、清则把这种经验推广到低洼地区,形成很有特色的堤塘生产方式。

珠江三角洲1/3耕地属低洼地区,地势低洼,水患严重,有的还受咸水威胁。当地人民把低洼地深挖为塘,土覆四周为基。基和塘分别发展种植业和养鱼业,既消除了上述不利条件的影响,又扩大了生产领域。这种基塘生产方式约产生于元、明之际,最初,基上种荔枝、龙眼、柑橘、香蕉等,称"果基鱼塘"。

明末清初,随着蚕桑业的发展,"桑基鱼塘"成为主要的基塘类型,形成"基种桑,塘养鱼,桑叶饲蚕,蚕粪饲鱼,两利俱全,十倍禾稼"的生态体系。亦可在塘上养殖水生饲料以喂猪,以猪粪、塘泥培桑,则生产内容更丰富。除桑基鱼塘和果基鱼塘外,当地还有稻基鱼塘、蔗基鱼塘、葵基鱼塘等。

据《补农书》等记载,明末清初浙江嘉湖地区形成"农—桑—鱼—畜"相结合的生产方式:圩外养鱼,圩上植桑,圩内种稻,又以桑叶饲羊,羊粪壅桑,或以大田作物的副产品或废脚料饲畜禽,畜禽粪作肥料或饲鱼,塘泥肥田种禾等。这些生产方式,巧妙地利用水陆资源和各种农业生物之间的互养关系,组成合理的食物链和能量流,形成生产能力和经济效益较高的人工生态系统,把土地利用率提到一个新的高度。

当前,在对中国式农业现代化道路的探索中,把传统经验与现代科技相结合,全国各地掀起了研究和推广各种立体农业模式的热潮。立体农业的主要特点是多种生物共处与多层次配置,来提高资源利用率、土地产出率和产品商品率。这种立体农业的雏形,明、清时即已出现,它预示着农业发展的一种方向,具有深远的意义。

从上面的介绍可以看到,明、清精耕细作的农艺是继续向前发展的,

但农业工具和农业动力却是停滞不前的。因而，农艺的精细化并没有导致农业劳动生产率的相应提高。

明、清，尤其是清代，情况发生了较大的变化。由于人口激增，每个农户平均占有的耕地明显缩小，小农经济变得更加细碎。为了缓解人口激增所产生的粮食问题，除了垦荒、引进和推广高产作物外，还大力推广多熟种植，土地利用率达到了传统农业时代的最高峰，施肥和育种等技术也有相应的发展。

但是，另一方面，牛耕的使用倒退了，农具基本上没有发展。实际上，唐、宋时代的某些大型农具反而鲜见使用了，在经济最发达的江南，铁搭竟然在很大程度上代替了耕犁。清代的农业技术基本上是前代的延续，除了局部以外，可以说没有突破性的发展。但却更多依靠增加人力的投入，而不是依靠牛耕的普及和工具的改进。

综合农书：《授时通考》

明、清是我国农书创作繁荣、成果丰硕的时代。据《中国农学书录》统计，我国历代农书共541种，其中属明、清时代的有329种，相当于前代农书总和的一倍半。20世纪末，又有人新查出明、清农书近500种，合计约830种，为前代所不可比拟。

这些农书内容丰富，形式多样，不乏高水平的佳作。这是当时农业生产与农业技术继续发展的一种标志。《授时通考》与明末的《农政全书》、北魏贾思勰的《齐民要术》、元官修的《农桑辑要》，以及王祯的《王祯农书》并称为我国的"五大农书"。

我国最后一部大型综合性传统农书是清乾隆年间南书房和武英殿的翰林们奉旨编纂的，成书于公元 1742 年的《授时通考》。全书分天时（农业气象及四时农事活动等）、土宜（农业地理、土地制度、农田水利等）、谷种（粮食与豆类作物的品种）、功作（垦种、耙耨、播种、游阴即施肥、耘籽、灌溉、收获、攻治等大田生产诸环节）、劝课（历代政府重农措施）、蓄积（仓储制度）、农余（蔬菜、果树、林木、杂植、畜牧）、蚕桑（包括棉麻等植物性纤维生产）八门。

《授时通考》分篇不是依据农业生产的各门类，而是依据影响农业生产的诸因素，其理论基础为"三才"学说。天时、土宜、谷种分别为天、地、稼，其余各门为人事。人事中既包括各种农事活动，也包括政府对农事的劝课以及通过仓储调节粮食供需、平抑市场粮价等活动，后者也是传统农业作为社会再生产的重要环节。把大田粮食生产以外的农事活动归入蚕桑和农余两门，则反映了我国传统农业结构特点和人们的传统观念。

《授时通考》一书只限于辑录汇编历代文献的有关记载，所辑材料分类集中于某门、某目下，然后严格按时间顺序排列。据统计，该书共征引经史子集、农书、方志等各种古书 553 种；共辑录 3575 条，98 万字，篇幅之巨为传统农书之最。对材料的引用相当严谨，都能找到出处。书中还收集了插图 512 幅，包括康熙御制耕织图在内。

《授时通考》一书的编写体例与类书相似，而编排与征引的宏博与精审远远超过以前的类书。其优点是汇集了丰富的历史资料，便于查找，不足之处是缺乏当代的新实践与新经验，有些地方流于对统治者的歌功颂德。

复兴瓷都景德镇

清代260多年，前期康熙、雍正、乾隆三朝堪称盛世，瓷器生产在工艺技术和产量上都达到了历史的高峰，这有以下几个方面的因素：

在社会经济方面，经过明末农民大起义和满人入关的战乱冲击，土地实行了再分配。清政府为巩固其统治，采取了一些措施，如兴修水利、临时性地蠲免一些赋税和对部分手工业者废除"匠籍"的束缚等等，促使社会生产力普遍提高。

清代的帝王，特别是康熙、雍正、乾隆都比较爱好瓷器，康熙本人重视西洋的科学技术，著名的珐琅彩品种，就是在康熙时引进国外彩料创制的，它为粉彩的大发展奠定了基础。雍正更是十分重视瓷器的质量，他采用重奖制瓷工人的办法，促使制瓷质量的提高。乾隆酷爱各类工艺品，几乎达到了狂热的程度。这些都使官窑瓷器的生产得以迅速发展。

清代外销欧洲瓷器的数量是十分巨大的，当时的外销瓷都是按照国外指定的器形、图案装饰及釉色、色彩进行制作的，这对民窑制瓷技术的提高无疑有着很大的促进作用。

日益增大的国内瓷器市场，是促使民窑瓷器生产进一步发展的主要因素。

但是，随着嘉庆以后社会经济的衰退，景德镇官窑瓷器质量急剧下降，民窑方面虽然产量仍是巨大的，但已很少有精致之作。

清代代表中国瓷器水平的，仍然是景德镇的官窑器，景德镇以外地区虽也有若干窑场在进行生产，但都只是处于次要地位。

整个清代，景德镇始终保持着中国瓷都的地位。

明末的情况是官窑衰败，但民窑由于国内外市场销量十分大而极为兴旺，清初在景德镇民窑从事制瓷的工人有数万之众。法国传教士昂特雷科莱（汉名殷弘绪）在康熙五十一年（1712年）九月一日于饶州发出的一封信，记述了当时景德镇的繁盛景象："景德镇拥有一万八千户人家，一部分是商人，他们有占地面积很大的住宅，雇佣的职工多得惊人。按一般的说法，此镇有一百万人口，每日消耗一万多担米和一千多头猪。……《浮梁县志》上说：昔日景德镇只有三百座窑，而现在窑数已达到三千座。到了夜晚，它好像是被火焰包围着的一座巨城，也像一座有许多烟囱的大火炉。"这里的数字可能有些夸大，但清初开始，景德镇的民营制瓷业就已十分繁荣，这是事实。当然，代表景德镇制瓷最高成就的，仍然是官窑。

官窑在清初顺治时期就已恢复，但初期并无显著的成就，康熙十九年以后，官窑的烧制走向正规，在各朝帝王的直接关心下，取得了十分巨大的成就。

从总的情况看，清代官窑自康熙始，不但恢复了明代永乐、宣德以来所有的品种特色，而且还创烧了很多新的品种。清代官窑重视单色釉的制作，康熙朝恢复了明代中期以后衰落的铜红釉烧制技术，康熙的郎窑红和豇豆红独步一时，当时的天蓝、洒蓝、豆青、娇黄、仿定、孔雀绿、紫金釉等都是成功之作。

康熙朝的民窑五彩器和由宫廷引进国外彩料创烧的珐琅彩瓷，为雍正朝盛行的粉彩瓷奠定了基础。

雍正一朝虽然时间极短，但官窑制瓷工艺之讲究可说到了登峰造极的地步。雍正朝烧成了发色最鲜艳的釉里红，青釉的烧造也达到了历史上最

高水平，雍正的官窑器胎、釉精细，从其底足柔润的程度，就可衡量其精细的程度。

雍正朝的粉彩器，不论官、民窑，都是极为讲究的，自雍正开始的整个清代，粉彩成为彩瓷的主流，它和青花两个品种在整个景德镇烧造的瓷器中占了极大的比重。

乾隆朝的单色釉、青花、釉里红和珐琅彩、粉彩瓷的制作，在继承雍正朝的基础上，都有极精致的产品。

乾隆以后，随着整个社会经济的衰退，景德镇的制瓷业也逐渐趋于衰落。

清代瓷都景德镇的地位比明代更为突出，除了宫廷用瓷外，社会上的民间用瓷也几乎绝大部分由景德镇供应。景德镇以外地区的窑场多数只是生产一些缸、坛之类的日用陶器。当然，江苏宜兴的紫砂器、广东石湾的仿钧器和福建德化的白瓷也是值得重视的。

绝世彩瓷：康熙五彩

康熙之前的顺治窑，主要承继明窑余绪，突出了粗犷浑厚，古朴简洁的风格。明代曾禁止民间使用五彩器，这促进了青花瓷器的长足发展，致使青花瓷在明代达到了极高的水准。清顺治年间所制"青花天女散花碗"，碗底有楷书"大清顺治年制"款，便是一件较有代表性的作品，反映出清代初期陶瓷艺术的风貌与水平。

康熙时期，奉命在景德镇御窑督造的先是郎中臧应选，然后是巡抚江西的郎廷极，"臧窑""郎窑"都有脍炙人口的名品。按类别分，景德镇彩瓷有釉上、釉下及斗彩三大门类。釉上彩有五彩粉彩，有珐琅彩的染彩。釉下彩有青花、釉里红，以及融二者于一体、构成画面的青花釉里红。斗彩则由釉下青花与釉上彩构成。釉里红是用铜红料描绘纹饰，施盖透明釉后在高温中一次烧成。

由于铜在釉中易扩散，在高温下易挥发，釉里红的制作技艺极难掌握，因而明宣德年间的铜红釉瓷虽然成了显赫一时的名品，其后终因难度太大而失传。在康熙时期，御窑厂重新掌握了这种技艺，恢复生产已停烧200年的红釉瓷器，不仅品种之多，颜色之鲜浓艳丽超过宣德时期，鲜艳的釉里红纹饰下还刻有纤细暗花，装饰手法比明代更有拓展。郎窑红、豇豆红、霁红均为此时所出的名品。

郎窑红为郎廷极署理窑务时所制，其特征为釉色深艳，色泽光亮，釉的流动性大，由釉自然流动形成的厚薄构成自然变化的对比效果。

青花和青花釉里红两种釉下彩瓷，最早出现于元代，明代青花瓷有首推宣德之说。康熙时，青花釉里红的制作更有发展。除承继了元明技法之外，还推出釉上绿彩与釉下红彩相结合的手法。更为复杂的釉里三彩，则是以豆青与青花、釉里红相结合，这一品种比纯粹的青花釉里红的制作难度更大。

青花是很具中国传统特色的釉下彩瓷，自元代起就一直在瓷器生产中占据主流地位。康熙朝的青花不仅保持了以往的优势，而且因生产技术的进一步提高，以青翠光艳、层次丰富而享有盛名。由于熟练掌握了分水技法，当时能够细致地把料水分为五种深浅不同的料色，因而在描绘物象时，能依靠色阶浓淡的变化分染出明暗差别的丰富层次，被人誉之为"青花五彩"。

承继了"大明五彩"制作传统的釉上五彩，又称"古彩""硬彩"，也

是康熙时期很有特色的品类。康熙五彩属于釉上彩品种，经过工艺改进，具有坚固透明，鲜艳明快的特色。在装饰手法上，突出了单线平涂的作用，线条刚劲，色彩鲜明，形象简括，造型格调明朗，又因烧制温度高，故得名"硬彩"。康熙五彩中的重大突破——釉上蓝和黑彩堪称五彩之最，对其风格特色的构成有着最突出的作用，康熙朝官窑注重的是颜色釉，因此代表五彩瓷制作水平的，是民窑而不是官窑。

康熙五彩除朵梅、朵菊、花蝶、鸳鸯、九鱼、莲鸟等的雅静图案外，多数画面显得较满，特别以仕女为突出。从明末以来，景德镇瓷器的画面借鉴版画风格，在康熙五彩中更是十分普遍，戏曲故事画尤以三国故事题材为多，历来视康熙五彩以描绘战争场面的所谓"刀、马、人"图案为名贵。事实上这类"刀、马、人"的画面在元青花瓷中已出现，明代曾一度中断，因为明代官窑器的图案多数是内官指定图样。到明晚期民窑青花瓷大发展后，这种刀马人的画面又开始兴盛。

康熙五彩除白地釉上五彩外，更有黄、黑、绿、洒蓝等各种色地的五彩器，它和康熙民窑大件青花一样，多数是为外销而特制的。

知识链接

成化斗彩

成化斗彩是最为著名的瓷器，彩色大增，透亮鲜明，各具特色，生产的多为宫廷用品，在明代后期已相当难见。成化帝政治上少有作为，但在艺术上却相当有造诣。史载其绘事在"能妙之间"，而历史上官窑的兴替常与皇帝联系在一起。成化斗彩的绘画工艺其实是单纯质朴的，但大象无形，绚烂之后是平淡，这种朴雅之美却成为成化斗彩最明显的特色。

清代独创：粉彩

粉彩始创于康熙，极盛于雍正。康熙粉彩制作较粗，仅在红花的花朵中运用胭脂红，其他色彩仍沿用五彩的制作。到了雍正朝，无论在造型、胎釉还是彩绘方面，都达到了空前的发展。

粉彩和五彩在制作工艺上大致有以下几方面的区别：粉彩制作的特点之一是用"玻璃白"打底，而五彩并不使用"玻璃白"。

景德镇的制瓷工人在含铅的玻璃质中，引进"砷"元素，发明了所谓"玻璃白"，它的成分是氧化铅、氧化硅和氧化砷。氧化硅是形成玻璃的主要成分，氧化铅为熔剂，而氧化砷可引起乳浊作用。玻璃白因有砷的乳浊作用而具有不透明的感觉，这一般在粉彩瓷器图案的花朵和人物的衣服上使用。

在绘彩的技法上，五彩用单线平涂法，粉彩则用"渲染法"。其步骤是，依照原先画成的花朵或衣服的轮廓范围，先填上一层玻璃白，由于它不透明，需空出所画笔痕，等干以后，再以色料进行渲染，效果是使花瓣和人物衣服有浓淡明暗之感。例如，雍正粉彩的花朵一般用胭脂红着色，往往在花蕊部分保留的色料最多最厚。从花心到花瓣愈往外，红色洗去得愈多，使色料本身就造成不同层次的立体感，这是五彩单线平涂法所无法达到的效果。

五彩所用的是中国传统的彩料，例如其红色是用以铁为呈色剂的"矾

雍正粉彩梅瓶

红"等等。粉彩则开始时就用进口的所谓"洋彩",如以黄金为呈色剂的胭脂红、羌水红。此外,还用洋绿、洋黄、洋白、翡翠等进口色料。

在施彩的方法上,五彩用清水或胶水着色,而粉彩以油料调色。油彩的运用是制瓷史上一大改革。

五彩炉火的温度在800℃以上,粉彩则一般在700℃以上,由于它比五彩的烘烧温度较低,瓷器烧成后,其色彩在感觉上比五彩柔软,因此又有"软彩"之称。

在上述这些特点中,粉彩所用的部分彩料是外来的和用油调彩,这两点显然是受西洋的影响。同时,也要清楚,粉彩瓷器中并不是所有彩色都是粉彩制作,其中如树木的绿叶及矾红彩的部分等,仍然是五彩的工艺。因此,我们可以得出的结论是:粉彩是在康熙五彩的基础上,从珐琅彩瓷器蜕化而来的。由于粉彩的主要彩料和施彩方法都是外来的,因此又有"洋彩"之称。

雍正粉彩多数是在用洁白瓷质的胎及极为纯净的透明釉烧成的白瓷上进行彩绘,因此更能突出它的淡雅柔丽之感。官窑器的制作更为精细,大部分盘、碗之类圆器的底足已成滚圆的"泥鳅背"。

雍正粉彩瓷已作为当时上层阶层的日常生活用瓷,因此盘、碗之类的器物最多，此外，常见的有杯、碟、罐、罇、变形的棒槌瓶、六角瓶、灯笼瓶、花觚、笔筒、悬胆瓶、提梁壶等等。

雍正粉彩瓷的图案花纹和青花相比，稍有不同。粉彩瓷以花蝶图为最多；牡丹、月季、海棠、四季花也极为普遍。雍正青花中多见的仿宣德青花及传统的缠枝花卉在粉彩中比较少见，但雍正青花中较少的人物故事图，却在粉彩中比较多。此外，粉彩瓷中谐音的"蝠"（福）、"鹿"（禄）图案十分多见。当时突出的是所谓"过枝"技法，即盘、碗的图案花纹从器身到器盖，或从器里到器外壁连续彩绘烧成，一般的过枝大多是桃果、牡丹、玉兰等图案。

雍正粉彩官窑器多数有"大清雍正年制"两行六字楷书款。民窑精品有私家堂名款，也有图案标记，以器底绘青花笔、锭和、如意，谐言"必定如意"等为突出。

瓷中瑰宝：珐琅彩

珐琅彩瓷器是一种极名贵的宫廷御用瓷。它的制造过程，一般是先在景德镇用高温烧成白瓷，然后送到北京清宫内务府造办处绘彩，由造办处珐琅作在彩炉中以低温烧成。由于其彩绘和烧成工艺，都不在景德镇进行，因此不能视为是景德镇窑的制品，但它对景德镇粉彩瓷器的影响也是十分巨大的。

和康熙珐琅彩瓷一样，其瓷胚或白瓷器在景德镇御厂烧成，绘彩和彩

烧的工艺在北京清宫内务府造办处珐琅作进行。珐琅彩瓷最早从康熙朝开始，为仿制铜胎珐琅器而来，因此清宫内务府库内，把珐琅彩瓷器称为"瓷胎画珐琅"。

康熙珐琅彩瓷和传统的五彩瓷，在工艺上有两点不同：一是其所用的彩料均为进口料，其中最突出的是一种玫瑰红或胭脂红色料，它的发色剂是微量的黄金，称为金红，传统的中国陶瓷器上的红色釉彩只是铁红和铜红。铁红是在氧化气氛中低温烧成的，铜红是在还原气氛中高温烧成的，金红也是在氧化气氛中低温烧成，它并不是中国传统的色料，而是从康熙开始进口的珐琅彩料中首次运用；二是上彩的方法，中国传统彩瓷中，施彩都是用胶水或清水，只是从康熙开始的珐琅彩瓷器，才开始用油施彩。理解了中国的传统绘画是水墨画，而西洋绘画是油画的道理，也就能知道，瓷器上以油料上彩，是吸取外来工艺的结果。

传统的康熙珐琅彩瓷器主要收藏在北京故宫博物院、台湾故宫博物院和上海博物馆等少数几个单位。以蓝地、深红地、黄地、粉红地、紫地彩色花卉图案的盘、碗为多，亦有少数瓶、盒之类的器物。至于白地彩绘的品种，则是更属极少数。器物底部有红或蓝色堆料"康熙御制"款。康熙珐琅彩瓷图案大多是规矩写生的西番莲和缠枝牡丹，还不见山水、人物图案。康熙时期还有宜兴紫砂胎的珐琅彩茶壶、盖杯等茶具，也只见花卉图案。

珐琅彩到了乾隆时可说进入了极盛时期。乾隆时的珐琅彩装饰，精微严谨，细入毫芒，其典雅华贵无与伦比。这种专供内廷秘玩之物，制作程序复杂，费料费时，乾隆之后便盛极而衰，不复再见制作。乾隆珐琅彩瓷和雍正朝一样是用景德镇烧成的白瓷，在北京彩绘、第二次烘烧而成。

乾隆前期，珐琅彩瓷在雍正的基础上仍继续烧造，但中期以后由于乾隆帝的兴趣偏重于景泰蓝器，因此瓷胎画珐琅器不再受到重视。乾隆珐琅彩瓷一部分是白地彩绘，以花卉、山水为主，其中的青绿山水极为突出，另一部分器物则风行色地开光图案,有的结合青花和其他色釉装饰。这时除用一般的歌舞升平的题材外,还出现了以圣经故事为题材的西洋人物故事画面。

款字有"乾隆年制"四字篆书款和四字楷书款两种,以楷书款为多。篆书款都有双方栏,楷书款大多为双方栏,也有少数并无方栏的,但均为料款。乾隆珐琅彩瓷相传被称为"古月轩"瓷,特别在粉彩鼻烟壶的底部往往有"古月轩"款字,但都非乾隆朝的制品。说乾隆珐琅彩瓷为"古月轩",实是一种误传。

雍正珐琅彩比康熙时期有了进一步发展,康熙时以器物外壁不上釉的半成品,进行满器外壁色地施彩,而雍正珐琅彩则以白地彩绘为主,他改变了康熙时期只绘花枝,有花无鸟的单纯图案,而以花卉翎毛为最多,山水次之,人物最少。这时珐琅彩瓷的特点之一是在画面上配以相呼应的题诗,而且书法极佳,并于题诗的引首、句后有朱文和白文的胭脂水或抹红印章,其印面文字又往往与画面及题诗内容相配合,如画竹的用"彬然""君子"章;画山水的用"山高""水长"章;画梅花的用"先春"章等等。

雍正珐琅彩瓷是结合书、诗、画及瓷器工艺的综合艺术品,由于他是宫廷御用的玩赏器物,所见仅碗、盘、花瓶、茶壶等少数小件器,主要收藏于台湾故宫博物院,北京故宫博物院、上海博物馆亦有少量收藏,其胎、釉及彩绘制作都是十分精致的。雍正帝特别喜爱蓝彩和墨彩的瓷器,因此这时期的绿彩和墨彩珐琅彩瓷就更为精细,其白瓷都是胎洁釉净,洁白如雪;所绘彩料在雍正六年以前都是进口料,六年以后宫廷已能自制珐琅彩料,但并不能说不再使用进口料。

珐琅彩料从其化学组成方面看,可进一步证实粉彩是由珐琅彩演变而来:珐琅彩料中含有砷,传统的五彩不含砷,但粉彩亦含砷。珐琅彩中的黄彩是用锑作为呈色剂,传统五彩的黄色,是铁的呈色,但粉彩的黄色则亦

为锑的呈色。珐琅彩中的胭脂红是用油调施的金红，传统五彩的红色是铁红，但粉彩则亦主要用金红。

此外，有一点情况值得注意，即在珐琅彩料中含有大量硼，而在五彩或粉彩中都不含硼。雍正琅彩瓷大多是"雍正年制"四字楷书蓝料方款。

知识链接

乾隆瓷器鉴别小知识

乾隆时的器物，除部分装饰风格仍沿康熙、雍正遗风外，有集堆贴、彩绘、镂孔、色釉等于一器的。官、民窑器釉面大多有橘皮纹，有少数器物青花六字款的青料部分可看到极明显的针眼感。器物圈足，官窑中的祭红、祭蓝等器呈糯米粉感的泥鳅背状。多数已无康熙时的缺口齿咬状。有些器物底部釉面呈波浪纹，尤以绿底红款器为突出。青花器青色雅丽，果实、叶瓣部位往往用点青法上色，因此有不同深浅的层次感。凡用涂抹法上色的，则能看到和康熙青花一样的水印纹。豆青、仿哥、茶叶末等色釉器，色釉和胎的交接处，往往能看到细小的锯齿纹，尤以民窑器为甚。

器道统一：文人壶

起源于宋、兴盛于明的紫砂茶具，到了清代进入鼎盛时期。尤其是壶制艺术与文人结缘的产物——"文人壶"的出现，使茶壶脱离了实用器皿的束缚，自身具备了独立的精神内涵，实现了器与道的统一。

紫砂壶是清代最为流行的茶具，其经历了明代的发展，在此时已达到巅峰。尤其是文人的参与，则直接促进了其艺术含量的提高。

文人壶的创制标志着紫砂茶具发展到了极致，紫砂茶具不但成了茶文化的载体之一，而且本身的艺术内涵也取得了前所未有的进步，对紫砂茶具的评价不再是仅从形状、风格等方面，镌刻在上面的诗歌、书法以及绘画也同样受到重视。清代制壶名家陈鸣远最先开始探索紫砂壶的风格创新，迈出了文人壶的第一步。

陈鸣远，名远，号壶隐、鹤峰、鹤邨，主要生活在康熙年间，江苏宜兴人。生于制壶世家，陈鸣远技艺精湛，雕镂兼长，善翻新样，富有独创精神，堪称紫砂壶史上技艺最为全面精熟的名师。

陈鸣远的艺术成就主要表现在两个方面：一是取法自然，做成几乎可以乱真的"象生器"，使得自然类型的紫砂造型风靡一时，此后仿生类作品已逐渐取代了几何型与筋纹型类作品；二是在紫砂壶上镌刻富有哲理的铭文，增强其艺术性。陶器有款由来已久，但将其艺术化是陈鸣远的功劳。而陈鸣远的款识超过壶艺，其现存的梅干壶、束柴三友壶、包袱壶以及南瓜壶等，集雕塑装饰于一体，情韵生动，匠心独具，其制作技艺登峰造极。

自陈鸣远开创"文人壶"之后，陈曼生、杨彭年等潜心研究，不入俗流，使紫砂壶艺术得到进一步升华，他们将壶艺与诗、书、画、印结合在一起，创制出风格独特、意蕴深邃的文人壶，至今仍旧影响深远。

陈曼生，名鸿寿，字子恭，浙江杭州人，主要生活在嘉庆年间，清代著名的书法家、画家、篆刻家、诗人，是当时著名的"西泠八家"之一。他酷爱紫砂，结识了当时的制壶名家杨彭年、杨凤年兄妹，他以超众的审美能力和艺术修养，"自出新意，仿造古式"，设计了众多壶式，交给杨氏兄妹制作，后人也把这种壶称"曼生壶"。

陈曼生为杨彭年兄妹设计的紫砂壶共有18种样式，即后来所谓的"曼

生十八式"。陈曼生仿制古式而又能自出新意,其主要特点是删繁就简,格调苍老,同时在壶身留白以供镌刻诗文警句。陈曼生也曾经在紫砂壶上镌刻款识详述自己嗜茶之趣,以及饮茶变迁,这些文字甚至可以当作一篇意味隽永的散文小品来欣赏,从中透露出清代文人的散淡心绪。这种生活趣味同时也体现在紫砂壶中,也就是所谓的文人壶。

自"文人壶"开创了文人与工匠合作制壶的新局面后,文人、书画家们纷纷合作,使紫砂壶艺术达到了一个更高的境界。紫砂壶在当时也大受欢迎,烧造数量惊人,这是我国历史上文人加盟制壶业最成功的范例。

这一时期的书画家如瞿应绍、邓符生、邵大亨以及郑板桥等人也都曾为紫砂壶题诗刻字。有"诗书画三绝"之称的瞿应绍与擅长篆隶的邓符生联合制造的紫砂壶曾名动一时。郑板桥则在自己定制的紫砂壶上题诗说:"嘴尖肚大耳偏高,才免饥寒便自豪。量小不堪容大物,两三寸水起波涛。"也算是讽世之作。道光、同治年间的邵大亨创制的鱼龙化壶,龙头和龙舌都可以活动。他还以菱藕、白果、红枣、栗子、核桃、莲子、香菇、瓜子等18样吉祥果巧妙地组成一把壶式。这些都是"文人壶"的经典之作。

总之,清代紫砂茶具不但继承了明代的辉煌而且又有很大的发展,尤其是文人与制壶名匠的合作开辟了紫砂壶茶具的新天地。

清代之最："青花茶具"

清代是中国瓷茶具发展史上的黄金时期，此时以景德镇为代表的制瓷业飞速发展，创制了精美的青花瓷茶具，开创了清代文人的"文士茶"情结。

清代除了紫砂茶具得到了极大发展之外，瓷茶具也在技术上臻于成熟。经过明末清初短时间的衰落后，瓷器生产很快得以恢复，康、雍、乾三朝是我国瓷器发展的最高峰。康熙瓷造型古朴、敦厚，釉色温润；雍正瓷轻巧媚丽，多白釉；乾隆瓷造型新颖，制作精致。此后，随着饮茶的日益世俗化，民间的茶具生产渐趋繁荣。

清代的瓷质茶具从釉彩、纹样以及技法等几个方面都有较大发展。在釉彩方面，清代创造出很多间色釉，这使得瓷绘艺术更能发挥出其独具的装饰特点。据乾隆时景德镇所立"陶成记事碑"载，当时掌握的釉彩就已达57种之多。就纹样说，清瓷取材广泛，或以花草树木，或以民间风习，或以历史故事作为绘制的内容。就技法来说，或用工笔，或用写意，内容丰富，技法也极为精湛，这都表明了清代瓷茶具的生产进入了黄金期。

清代瓷业的烧造，以景德镇为龙头，福建德化、湖南醴陵、河北唐山、山东淄博、陕西耀州等地的生产也蒸蒸日上，但质量和数量不及景德镇，清代景德镇发展最辉煌时从业人员达万人，成为"二十里长街半窑户"的制瓷中心，更有人用"昼则白烟蔽空，夜则红焰烛天"来形容景德镇瓷业的繁盛。此外，清代官窑生产成就也不小。清官窑可分御窑、官窑和王公大臣

窑三种，在景德镇官窑中，"藏窑""郎窑""年窑"影响较大。

  蒸蒸日上的清代瓷业，为瓷茶具烧制提供巨大的物质和技术支持。而清代对外贸易的主要产品就是茶和茶具，这也形成了巨大的外部需求，但是最为主要的是饮茶的大众化和饮茶方法的改变。因为清代的茶类，除绿茶外，还出现了红茶、乌龙茶等发酵型茶类，所以在色彩等方面对茶具提出了更高的要求，这些都刺激了瓷茶具的迅速发展。

  青花瓷茶具是清代茶具的代表，它是彩瓷茶具中一个最重要的花色品种。它创始于唐，兴盛于元，到了清朝则发展到顶峰。景德镇是中国青花瓷茶具的主要生产地。据史料载，明代景德镇所产瓷器，就已经精致绝伦。但是到了清代，青花瓷茶具又进入了一个快速发展期，它超越前代，影响后代。尤其是康熙年间烧制的青花瓷器，史称"清代之最"。清代陈浏在《陶雅》中说："雍、乾两朝之青花，盖远不逮康窑。"此时，青花茶具的烧制以民窑为主，而且数量非常可观，这一时期的青花茶具被称之为"糯米胎"，其胎质细腻洁白，纯净无瑕，似于糯米，可见清代在陶瓷工艺上的精妙和高超。

知识链接

"文士茶"情结

  清代文人特别注重对品茗境界的追求，从而将茶具文化带进一个全新的发展阶段。他们既钟情于诗文书画，又陶醉于山涧清泉、听琴品茗，从而形成了精美的"文士茶"文化。《红楼梦》中关于妙玉侍茶的一段话，就反映了人们的"文士茶"情结。作者通过塑造妙玉离世绝俗的高傲性格，说明茶具实际上已经在某种程度上脱离茶而单独存在了。此外，中国文人自古都有好古之风，以至于饮茶都是器具越古越好，茶反而退居其次。因此，清代的茶具不再追求高贵奢华，文人们更重视是它的文化内涵。

千文万华的漆艺文明

第一章 时代新秀——光辉灿烂的农业与手工业文明

清代康熙、雍正、乾隆各朝，国力强盛，经济繁荣，社会相对安定，漆工艺也有较大的发展。两朝分别形成了以"果园厂""造办处"为主的宫廷漆器制作中心，形成了中央与地方、官作与民作共同发展、互相影响、互相借鉴的局面。明清官办漆器作坊，集中了全国各地的优秀制漆艺人，地方上具有浓厚特色的漆器也以进贡的形式进入宫廷，促进了各地技艺的相互交流。这一时期漆器制品除了皇家自用外，还作为贵重礼品馈赠海外诸国。

清时期常见的漆器有一色漆器、雕漆、填漆、彩绘、描金、堆漆，镶嵌、款彩、戗金、犀皮等。纹饰一变以前以几何纹、动物纹、图案化纹饰占主流地位的传统风格，开始追求生活情趣与自然美。作品题材多取自于自然界景物，具有浓郁的生活气息。器形种类涉及生活中的各个方面，以宫廷漆器为例，有宫廷典章类、陈设类、日用类和文玩等。清代雕漆、仍继承明代后期剔法，运刀如笔，显示出锋棱美。清代雕漆与明代比较也有显著不同之处，明代漆色暗红，清代鲜红，明代花纹庄重浑厚，清代则较为繁缛纤巧，明代一般为木胎，清代则兼作其他胎质，并且与其他工艺结合，如镶上鎏金铜饰件、珐琅、镂玉、雕牙等。

雕漆造型多样，是清代雕漆工艺的另一个重要特点。实用的家具、日用的器皿、陈设摆件、佛前供器以及文房用具之类，应有尽有。

清代雕漆，在乾隆年间有较大的发展，工艺技术在某些方面有独到之

023

处，超越了前朝。自清中期以后，呈现的风格过于纤巧，流于繁琐，艺术创造精神逐渐丧失，雕漆生产日趋衰落。

剔红用笼罩漆调银朱，在漆器胎骨上层层积累，到一个相当厚度，然后用刀雕刻出花纹。从剔红花纹刀口的断面，有时可以看出施漆的道数。清时期，剔红有漆层道数较少的，也有多到五六十道乃至百道以上的。另一方面每道漆层的厚薄，各器也有不同，并不一致。明代雕漆，尤其是明早期的雕漆，花纹肥腴饱满，漆层薄了是刻不出来的。漆层厚，费工又费料，速成求售的制品是不可能这样做的。剔红漆色有深红近于紫色的、有正红的，也有色浅而略呈黄色的，以颜色纯正、光泽明亮者为上品。

一色漆器发展至明清，技艺已达到了炉火纯青的地步，有黑、朱、黄、绿、紫、褐、金等色。经过退光和揩光，温润素雅，在明清繁花似锦的漆器中独具一格。与宋代一色漆器比较，少了质朴凝重，多了精致优雅。

罩漆是将透明漆罩涂在金银、彩漆或木材上的髹涂方法。就是选用最好的天然透明漆作罩漆，也难免或多或少地会遮掩底漆的色泽，故罩漆一般用桐油入漆合成，以增加透明度。

通体金色的漆器或各种色地上绘金色花纹的漆器，都是先打金胶，然后再贴金箔或上金粉，其上必须用罩漆保护，以防磨损脱落。因罩漆色微黄，可助金色更稳重。如用银箔或锡箔代替真金箔，因其本身具有一定光泽，经微呈黄色的透明漆一罩，竟能取得近似罩金髹的效果。

"四大名绣"实至名归

清代刺绣最为卓著的历史成就在于地方绣种的进一步成熟稳定。以地域特色为标志的苏绣、蜀绣、湘绣、粤绣都在清代确立了各自的地位。尽管各地的刺绣在此之前都有悠久的历史或优良的传统,但毕竟没有确定名称。而这一重要的确定,多数完成于清代。

1. 苏绣

苏绣是指以苏州为中心包括江苏地区的刺绣,以精细雅洁为技艺特色,以众多的生活日用绣、闺阁绣以及皇室宫廷下单征绣的各类宫中绣品组成的刺绣品为总称。它是在顾绣的基础上发展而来的。这里简单地介绍一下顾绣,因为它对中国东部近、现代刺绣有着至深的影响力。

顾绣因源于明代松江府上海县露香园主人顾名世家而得名,亦称"露香园顾绣"。它是以名画为蓝本的"画绣",以技法精湛、形式典雅、艺术性极高而著称于世。顾名世是明嘉靖三十八年进士,官尚宝司丞,就是在内宫管理宝物的官吏,晚年居上海。

"名世性好文艺",见多识广,艺术修养较高,在他的影响和倡导下,他的女眷们也酷爱艺术,善丹青书法,精于女红,尤其擅长刺绣。她们从事刺绣的目的不仅实用还是视作上层妇女的修养和更高层次的艺术追求。在盛行于世的松江画派画风熏陶下,她们研究继承宋代"闺阁绣"的艺术特色和艺术技巧,在此基础上有所创新。她们选择高雅脱俗的名画作为蓝本,表现对象时深刻观察、细心揣摩,技法上创造出散针、套针、滚针等针法,

用以极力模仿绘画的笔墨技巧。她们将丝线劈为36丝，"其劈丝细过于发，而针如毫，配色则有秘传，故能点染成文，不特翎毛花卉巧夺天工，而山水人物无不逼肖活现"。(《顾绣考》)

顾氏女眷中较早从事画绣的是顾名世长子顾汇海之妾缪氏。顾绣名手中，造诣最高、最具代表性的是顾名世孙子顾寿潜之妻韩希孟（又名韩媛）。韩希孟的作品，为达官贵人争相高价收藏，她的作品，现均为珍贵文物，为各大博物馆所珍藏。

在顾绣的推动下，使苏绣的风格与技法日臻完美，具有用色和谐文静，不露生硬跳动之痕迹，行针平匀熨帖，毫无参差之处。因此，人们在评价苏绣时往往以"平、齐、细、密、匀、顺、和、光"八个字来概括。

2. 粤绣

粤绣是广东刺绣艺术的总称，它包括以广州为中心的"厂绣"和以潮州为代表的"潮绣"两大流派。相传最初创始于少数民族——黎族，先前的绣工多为男工所任。

有记载的历史可追溯至唐代（805年）广东南海卢眉娘的遗迹。南海奇女卢眉娘，在一幅一尺见方的丝绢上绣出一卷《法华经》，字体比粟米还小而且点画分明。

明代出现了以孔雀羽毛编成绒缕，绣制服饰，金翠夺目。粤绣构图饱满，装饰性强，繁而不乱，色彩浓郁鲜艳，绣制平整光滑。粤绣题材广泛，其中百鸟朝凤、博古类是最具传统特色的题材。粤绣的另一类名品是用织金缎或钉金衬地，也就是著名的钉金绣，尤其是加衬高浮垫的金绒绣，更是金碧辉煌，富丽堂皇，多用作戏衣、舞台陈设品和寺院庙宇的陈设绣品，宜于渲染热烈欢庆的气氛。

3. 湘绣

湘绣发源地是湖南长沙。在长沙曾出土一批又一批埋藏在湖南和昔日楚地领域地底的光彩夺目的古绣品，数量多，刺绣精美。自1972年长沙马王堆一号墓出土的精美汉代刺绣后，长沙便成为湘绣顺理成章的最初绣品之源。

湘绣也多以国画为题材，最能表现中国水墨画中的韵味，线条准确，色彩鲜明而清晰。花鸟、山水屏条是湘绣的传统产品。此外，画面题诗是湘绣的特点，使诗情画意相映衬，更好地表达了绣品的意境。湘绣有着："绣花花生香，绣鸟能听声，绣虎能奔跑，绣人能传神"的美誉。

4. 蜀绣

蜀绣亦称"川绣"，是以四川成都为中心代表的刺绣艺术。蜀绣的历史也很悠久，据晋代常璩《华阳国志》中记载：当时蜀中的刺绣已十分闻名，并把蜀绣与蜀锦并列，视为蜀地名产。而蜀绣在清朝得到空前发展，除日常用的绣品外，还生产各种规格的欣赏品，如中堂、方斗、条幅等，题材广泛，内容丰富，包括山水人物、花草虫鱼、飞禽走兽等等。其画稿来源于名人佳作，为蜀绣的发展提供了艺术基础，并造就了一批各具专长的绣工。蜀绣的特点是结构简单，突出主题。其技艺特点是：用针工整、平齐光亮、丝路清晰、不加代笔，花纹边缘如同刀切一般的齐整，色彩鲜丽。其中蜀绣中晕针技法是蜀绣最具有的特色，它能表现出色彩的浓淡晕染效果。

知识链接

京绣

京绣又称宫绣，是以北京为中心的刺绣产品的总称。明清时期开始大为兴盛，多用于宫廷装饰、服饰，用料讲究、技术精湛、格调风雅。民间高档的宫绣大都与皇宫有着千丝万缕的联系。京绣属手工刺绣，所以在今天机绣发达的时候，为区别于机绣又名"手绣"。京绣在新中国成立后逐渐形

成了自己鲜明的艺术特点与风格，其选料精当贵重，针工巧妙得体，色彩绚丽豪华，格调高雅。其中最好为针工中的"平金打籽"绣。这种绣，是以真金捻线盘成图案，或结籽于其上，十分精致华贵。京绣作为当时的"燕京八绝"之一，拥有着辉煌的过去。

民间剪刻艺术的发展

民间剪刻广泛流传于民间，它运用剪、刀等工具和各种色纸、皮革等材料，主要以剪和刻的手法进行制作，包括剪纸、皮影等。有清一代，随着城乡人民生活内容的日益丰富、各种民俗活动的兴盛和戏曲演出业的繁荣和多样化，民间剪刻也更为普遍，其技艺水平较前代有进一步提高。

民间剪刻中最普遍、最广泛的当非剪纸莫属。剪纸艺术（剪纸作品亦称"纸花"）是材料手法最为便捷的民间艺术品种之一，它的出现几乎是与纸的发明相伴的，清代剪纸从题材到样式更为丰富多彩，其遗存也较多。剪纸艺术在民间的应用十分广泛，按照用途，大致可分作窗花、挂钱、墙花、绣样、灯花、礼花、喜花、扇花、功德纸花等类别。窗花主要流行于北方，年节喜庆更换窗纸时用以装饰窗户。窗花一般有两种形式，一种是贴于糊好的窗纸上，有贴于四角的"角花"，也有贴于窗格中心的"团花"，样式不一。一种是直接贴于窗棂上，中间的花样可以透气，俗称"气眼"或"气孔"。窗花一般根据窗格要求，尺寸大小不一，但一般不大，而且镂空须考虑透光效果。一个窗户往往贴有许多单独的窗花，其样式布置和色彩搭配又讲究完整统一。挂钱一般是在节庆时贴挂于门楣或造新房时贴挂于屋梁上用于"压胜"的纸花，贴挂于屋梁上的又称"挂笺"，贴挂于门楣上的则称"门彩""门笺"等。挂钱一般形如旗，常五张、七张为一堂联挂。墙花是贴于室内墙壁的纸花，贴于炕围的叫"炕围花"，贴于屋顶的叫"顶棚花"，贴于灶头的叫"灶头花"。绣样是为刺绣而剪制的纹样，有鞋花、帽花、枕头花、枕顶花、衣袖花、包袋花（如流行于北京地区的"宫样九件"：烟袋、扇套、钱包、笺袋、香袋、眼镜盒、槟榔荷包……）等。刺绣花样早期一般用绘制的手法，剪纸绣样则是清代才出现的。最早的资料遗存是同治十三年（1874年）的《吉金斋绣谱》中郭梦缄所剪绣样粉本，有"拭牛""饮马""读书""宿店""鸣鹅""花卉"等二十余品。绣样要根据刺绣花样的部位和大小来决定其样式，因此丰富多彩。灯花也叫"灯笼花"，是贴于各种灯笼之上的纸花。根据灯笼的不同形状和用途，灯花的样式、题材也各有分别。一般贴在宫灯、纱灯上的灯花多规则的适合纹样，而贴在走马灯上的灯花则多戏曲人物等可运动的题材类型。礼花是贴于各种礼品上的纸花，在各地有不同称谓，如浙江平阳称"圈盆花"，广东潮州称"糕饼花""果花"等，一般多用吉祥图案。喜花也称"嫁妆花"，是贴于婚嫁器物面上的纸花，取义与各种礼花大致相同，以象征吉祥幸福，婚姻美满。扇花则是贴于扇上的纸花，一般用泥金纸花、兰竹、花鸟或书字贴于乌漆纸扇，也有以彩纸花样夹在双层绢纱团扇中的。功德纸花指供神祭祖或祛病禳灾时用于祈福避邪的剪纸，最后一般焚化，以达到供奉或消灾的目的。

　　清代剪纸艺术无论哪个种类，一般都具有祈福消灾或装饰美化的意义和功用。其题材范围则涉及历史、戏曲、神话以及现实生活中的各种人物故事和场景、祥花瑞草、神禽异兽，日常生活中的各种动物、用具，甚至树木山水以及几何纹样、各体汉字等，十分广泛。如八仙人物、大观园、《西游记》人物、戏童、舞人、刀马人、招财进宝、送子赐福、娃娃坐莲、鸭子戏莲、莲鱼瓶、金玉满堂、喜时来报、瓶生富贵、富贵双全、柳开得子、麒麟送子、鲤鱼跳龙门、老鼠娶亲、松竹梅兰、瓶花、艾虎、葫芦、蝶恋花、天仙配等，反映了清朝时期的人们，尤其是广大普通百姓的日常生活和审美时尚。

清代剪纸的技法类别也很丰富，依剪纸的不同用途、不同地区的技法传承样式，有单色剪纸、衬色剪纸、分色剪纸、拼色

清代剪纸

剪纸、套色剪纸、填色剪纸、染色剪纸、熏烟剪纸、勾绘剪纸、木印剪纸等种类。从现有实物遗存来看，以单色和衬色为多，另外染色、套色、熏样等遗存也有许多。其中比较突出的有陕西陕北、凤翔、铜川、周至、永寿、乾县、宝鸡剪纸；甘肃天水、庆阳剪纸；山西孝义、祁县、静乐、浮山剪纸；山东蓬莱、黄县、福山、掖县、苍山、烟台、高密剪纸；河北蔚县、三河、沧县、丰宁剪纸；江苏南京、扬州、金坛剪纸；浙江浦江、兰溪、金华剪纸；湖北沔阳剪纸；安徽阜阳、芜湖剪纸；福建泉州、浦城剪纸；广东佛山、潮州剪纸；黑龙江海伦剪纸；吉林剪纸；贵州侗族剪纸；云南傣族剪纸等。这其中以陕北剪纸、浮山剪纸、烟台剪纸、南京剪纸、泉州剪纸、佛山剪纸、吉林剪纸等最具代表性。陕北剪纸主要分布在定边、靖边、吴堡、榆林、宜川、米脂、延安等地。

另一剪刻类的民间艺术品以皮影为主。皮影主要是用于皮影戏表演的戏曲美术品种。据史料记载，皮影的产生可上溯至西汉，而皮影戏的正式

形成和兴盛是在北宋，经过元明两朝的发展，到清代达到了鼎盛阶段。清代的皮影戏比较普及，除最早流行于陕西、河南外，山西、河北、甘肃、四川、江苏、浙江、福建、广东、北京、东北等地也已盛行。尤其到清末，皮影戏几乎遍及大半个中国，陕西称其为"灯影""皮影"，甘肃称"牛窑戏"，河南称"驴皮影"，河北称"滦州影"，江苏、浙江称"皮团团"，福建称"抽皮猴"，广东称"纸影子"，四川称"牛皮娃子"等。清代皮影戏除盛行于民间外，皇亲贵戚也特别喜爱，大加提倡并将其引进府内，尤其是当时京城更是汇集了各路戏班，只是到清末稍有衰落。

皮影的制作根据各地条件及习惯，一般采用牛皮、羊皮、驴皮或硬纸等材料，将其压平，人物分头、上身、下身、臂、腿、手、脚等部分分别雕刻，着色后涂桐油并组装。各地区的皮影戏在长期的发展过程中，因剧种风格、百姓审美习惯和风尚的不同，以及自然条件差异的影响，其雕刻技艺和形象也形成了各自有所差别的程式化特征。其中较突出的有陕西皮影、北京皮影、山西皮影、四川皮影、湖北皮影等。

陕西是皮影戏最普及、历史最悠久的地区之一。影人大小一般不足一尺，生旦头部造型额头突出，鼻凹较深。鼻形挺秀，曰"豹头深眼"。嘴形小巧，紧靠鼻底。眉眼细秀，面部全作"空脸"，线条多挺直圆转，面相端庄秀气而质朴纯真。当时流行口诀："弯弯眉，线线眼，樱桃小口一点点。圆额头，下巴尖，不要忘记刻耳环。"很能说明其程式化的造型特征。其各种造型多达三四百种，其技艺之精湛，在全国首屈一指。

除戏曲皮影外，尚有一种"道场皮影"，即佛教寺院举行大法会时以皮革刻制，并以灯光照射进行展览的皮影。这类皮影因不用于表演，其布局及刻制方法与戏曲皮影有所不同，即采用类似于绘画的布局和剪纸的刻制手法。道场皮影主要用阴刻并彩绘，注意情节的说明性。出自四川大邑的"水陆道场"皮影是较优秀的典型作品。

民间塑作手工艺术

民间塑作是指在民间日常生活中使用陶瓷、金属、泥、木、布、纸、面等材料,以捏塑、雕刻、折叠、绘彩、缝合、刺绣等手法制作的非雕塑性质的民间美术品。民间塑作大多为玩赏品,也用于各种民俗活动、戏曲演出和日常生活。民间塑作存在于人类文明阶段的各个时期,随着手工业的发展,民俗、戏曲活动的兴盛和人们日常生活水平的提高,清代的民间塑作相当繁荣发达,种类很多,存世丰富,主要有玩具、面具、木偶、布艺、面塑等。

清朝时期的玩具一般使用陶瓷、泥、木、布、纸、麦秆、竹等乡村常见之物,采用手工制作。常见种类有狮、虎、猪、狗、鸡、猴、牛、马及十二生肖等各种动物,戏曲人物、不倒翁、滑稽人、斗人、转双人、摩侯罗以及各种风筝、转鼓、转燕、陀螺、响锤、猴滚梯、马跳栏、扑满、泥哨、空竹等。其形态或稚拙可爱,或滑稽诙谐,或巧妙有趣,不仅能够迎合儿童趣味,而且许多玩具题材还寄托着人们某种质朴的信仰和美好的愿望。清代玩具的制作十分普遍,各地都有许多能手,甚至有些小孩也能自制玩具,有不少专门以制作玩具为生的艺人或作坊,并且出现了一些著名的玩具产地和品种。

无锡惠山泥塑玩偶的品种和工艺都非常有名,主要产品有"小如意""看财童子"等;苏州虎丘泥塑除捏像外,玩具类也很有名,产品主要有泥美人、戏童、人物故事等。清代陕西凤翔、岐山、长武、城固等地的布玩具，多以虎、猪、兔、狮、猴等动物为题材。凤翔等地还有泥偶玩具，纸质挂片等，多作胖娃娃、小公鸡、小猴子、老虎等，施以彩绘，生动有趣。鱼化寨泥偶戏曲人物，俗称"泥叫叫"，高不过二三寸，彩绘多于黑底上涂红、黄、绿各色，稳重协调，并在人物背后和头顶留有两孔，可以吹响，极富乡土气息。山东玩具制作种类也很多，其中郯城"棒棒人"系杨柳木所制，黑线开脸，身上满饰彩绘，对比鲜明，颇有趣味。河南浚县"咕咕鸡"，相传始于北宋，可以吹响，类似鸡叫，其余还有泥偶战马、神兽、家畜家禽、神话戏曲人物等，也富有浓郁的乡土特色。四川玩具中较有名的有成都、绵阳等地的泥哨子、泥兔、泥马、泥龟、纸龙、纸笑头和尚、布老虎、布娃娃、《西游记》人物等，都非常有趣可爱。泥偶玩具较有名的产地还有福建泉州，广东浮洋，江苏扬州平山堂，浙江绍兴，甘肃成县、庆阳，河北白河沟，黑龙江阿城，辽宁营口、开原等。江西景德镇的瓷偶玩具、广东南雄竹玩具、浙江泰顺木玩具也很有地方特色。另外，清代玩具中还有流行于南北各地间的糖人，既可玩又可食用，一般使用吹、模印、手捏等法做成各种人物、动物、花草等形象，如北京糖人、河北糖人等都很有名。还有编扎类的风筝、节灯、变花以及其他各类玩具，十分有趣可爱。

　　清代玩具丰富多样，一般具有以下几个共同特点：其一，题材以人物、动物居多，并且形态、神情丰富。可以活动的多注重动作与神态的夸张，不能活动的则多注重审美的修饰。某些题材如大阿福、老虎等兼有驱恶迎福之寓意，体现了较强的人性情感、观念特征。其二，形体一般小巧精致、圆浑丰满，适于把玩。色彩一般鲜艳明快，比较醒目，宜于观赏和引发兴趣。其三，基本为手工制作，取材方便，材质亲和，并且历史悠久，文化性强，地方特色鲜明，富有浓郁的乡土气息。

扩展阅读　清代德化白瓷

　　清代德化白瓷的产量比明代有所扩大，在器物上也改变了明代以佛前供器和瓷雕为主的局面。各种供器及观音、弥勒佛之类的瓷雕虽仍大量烧造，但更多的是各式酒杯、瓶、壶、碗、洗等日用器皿。

　　清代德化白瓷和明代相比，有一个突出的区别，那就是在清康熙以后，德化白瓷釉中一层微微的闪红色已不再出现，而釉层的色泽稍稍泛青，这可能是胎、釉中氧化铁的含量有所增加，或还原气氛掌握不当的缘故。

　　清代德化窑除烧造白瓷外，也还烧制青花和彩瓷。

　　清代中国瓷器生产的中心仍然是景德镇，代表景德镇瓷器生产最高水平的是政府在当地设置的官窑所生产的官窑器。康熙、雍正、乾隆三朝，无论在制瓷的胎、釉质量还是品种的多样性上都堪称是中国瓷器生产的高峰。嘉庆以后，由于种种社会因素，景德镇的瓷业渐趋衰落。

第二章

谁与争锋
——问鼎世界的清代商业文明

清朝经济发达,人口剧增——乾隆时期已达三亿,与之相对粮食作物的产量需求也进一步提升。因此清朝采取开垦荒地、移民边区及推广新作物等措施以提高生产量。由于国内与国外的贸易提升,促进了商业的发展。清朝商业发达,前后形成了中国十大商帮。其中晋商、徽商支配中国的金融业,闽商、潮商掌握海外贸易,对清代发展起一定的推动作用。

富甲华夏的"晋商"

晋商,一个中国历史上最著名的商帮,演绎了一个历经 500 年商业辉煌的传奇故事。

晋商是中国最早的商人团体之一,它的历史可追溯到春秋战国时期。明清两代是晋商的鼎盛时期,晋商成为中国十大商帮之首。期间,晋商以雄厚的资金实力、先进的经营管理、诚信为本的商业文化,广拓经营领域和活动范围。他们经营的盐、铁、棉、布、皮毛、丝绸、茶叶、金融等商号,遍及全国各地并远涉欧洲、日本、东南亚和阿拉伯国家,称雄国内商界长达 500 年之久。晋商的辉煌,不仅成就了富商巨贾和商界精英,推动山西成为当时的"海内最富",而且有力地促进了中国商品经济的发展、城镇的兴起和对外贸易的发展。其"诚信为本、以义制利"的经商理念,极大地丰富了中国的传统文化,尤其是商业文化。

晋商辉煌五百年,出了乔致庸、雷履泰等很多富人,以至于达到了"富甲天下"的地步。

晋商的辉煌主要得益于山西商人善于商品交易的智慧和才能,以及勤劳吃苦的精神,他们以地域关系、乡土关系为特征,组成商行帮会,以博大宽厚的经营胸怀、相容并蓄的经营气度、求同存异的经营策略和自强不息的经营精神进行生意往来,凸显了山西商人的敬业精神、群体精神和开拓进取的精神。正是山西商人的这些可贵的精神,才会有"凡有麻雀飞过的地方，就有山西商人"的盛况，才有晋商驰骋九州、气吞八方的大胜局奇观。另外，山西人以善于经商、善于理财而闻名天下。他们认为，买卖不算，等于白干，直到今天，人们仍用"九毛九"来形容山西人的精明。19世纪70年代，一位欧洲旅行家到中国考察后，感慨山西人是中国的犹太人。甚至在欧洲市场上，精明的犹太商人也被迫给翘着小辫、头戴瓜皮帽、身穿长袍马褂的山西商人让出一片市场。著名学者余秋雨在《抱愧山西》一文中说："山西商人之富，有许多天文数字可以印证……在清代全国商业领域，人数最多、资本最雄厚、散布最广的是山西人；要在全国排出最富的家庭和个人，最前面的一大串名字，大多也是山西人；甚至，在京城宣告歇业回乡的各路商家中，携带钱财最多的又是山西人。"

清朝一位大臣在写给皇帝的奏折中写道，"臣听说山西太谷县孙姓人家，家有白银两千余万，曹姓、贾姓人家各有四五百万，平遥县的侯姓人家、介休县的张姓人家，各有三四百万……介休县家产超百万的大概几十家，祁县超百万的大概也几十家。"可见，山西几个县城中的富户家产相加，数量就超过了一亿两白银。这可不是普通的数字，比当时国库的存银还要多。

其实早在隋唐时期，就有资产雄厚的山西商人，武则天的父亲武士彟就是一个典型代表。李渊父子当年从太原起兵，做木材生意的武士彟给予了他们丰厚的经济支援。李渊父子凭借着武士彟的财力和精锐的太原军队，最终夺取了政权，从而赢得了天下。

在清兵入关之后，顺治皇帝首先做的不是别的，而是召见了当时最有名的山西商人。并在大殿设宴，赐予他们华丽服饰与精美珠宝，最后还把这些商人编入了"御用皇商"的名单。顺治皇帝之所以这样重视山西商人，就是因为山西商人富可敌国，皇帝也要为自己留条后路。雍正年间，朝廷调集军队平定青海叛乱，当清军深入草原以后，军粮供应发生了困难，仅

购买粮草就需要大量白银。就在朝廷最紧张的时候，一位山西商人出面解决了此事。

随着山西商人资本的发展，使山西商人聚集了大量的货币资产，促进了山西手工业的发展，也促进了全国商品物资的交流，这进一步加快了中国自然经济解体和商品经济发展的过程。

汇通天下的"票号"

山西商人的资本生意中，最著名的就是山西票号，可以说是"汇通天下"。票号做的是汇兑买卖，只要你把银子交给这个店铺，交一定的手续费，店铺就给你一张由商号开出的汇票，拿着这张汇票就可以去其他地方的票号分店领取银子。

由于票号专营汇兑业务适应了当时工商业发展之需，又把商业领域中形成的良好的信用关系延伸到金融领域，因此，自清朝中叶产生后，业务开展极为顺利。自雷履泰创办日昇昌票号到道光七年（1827年）秋冬，山西票号的势力已发展到鲁、豫、秦、苏等省，从而使北方5省（直、鲁、豫、晋、秦）商人去苏州贩货每年需运去数百万银两的不便情形变为"各省商贾俱系汇票往来，并无现银运到"的皆大欢喜。

至道光末年（1850年），票号已发展到11家，其分号拓展到北京、张家口、天津、奉天、济南、扬州、江宁、苏州、芜湖、屯溪、江西河口镇、广州、长沙、常德、湘潭、汉口、沙市、重庆、成都、西安、三原、开封、周家口等 27 个城市。一个分号一年的汇兑业务量在 50—120 万两，放款业务也有 30 余万两，以至"今山西钱贾……散布各省，会（汇）票出入，处处可通"，正式形成了山西票号中的平（遥）、太（谷）、祁（县）三帮。

  这一时期信用对票号业务的拓展也起到重要的推动作用，由办理国内汇兑拓展到兼营大宗存放款业务，特别是存款业务的增长为票号其他业务的扩大奠定了资金基础。出于信任，工商业者纷纷将现款存于票号，票号再将存款、放款与汇兑相结合，利用承汇期占用客户款项，进行放款生息，这样收入甚丰，除汇费收入和压平擦色收入外，还有存放利差的收入。

  太平天国起义之后，清政府由于受到了巨大冲击，财政问题越来越困难，终于批准了朝廷以及政府官员汇兑官银。由于清政府有许多对外活动的国际业务，票号商人渐渐地把生意做到了国外，他们在国外也设立了分店。1907 年，祁县合盛元票号在日本的四个大城市开设了分店；平遥县的永泰裕票号在印度加尔各答开设了分号。山西商人最先打入了国际金融市场，展现了他们精明强干和勇于开拓的风采。山西票号这时真可以说是生意红遍国内外。

天下第一号：日昇昌

　　日昇昌票号开中国银行业先河，是中国第一家专营存款、放款、汇兑业务的私人金融机构。它的前身是山西裕成颜料庄，总庄设在平遥，在全国各地都设有分庄。据统计，日昇昌在全国40多个城镇中设有分庄。

　　日昇昌票号是平遥富商李大全出资与总经理雷履泰共同创办的。西裕成颜料庄在北京设有分庄，当时山西平遥、介休、祁县、太谷等地商人的商号在北京都设有分庄。每到年终结账，这些分庄都会给老家的商号或亲人捎些银钱。

　　而社会动荡，若亲自带银两返乡，容易遭遇抢劫，托镖局押运，运费高，且安全性也不高。因此有人就与西裕成北京分庄经理商议，将所运银两交给西裕成分庄，然后在其平遥总号提现。起初，受亲朋好友的委托，不收汇费和手续费，后来要求这样做的人越来越多，经过双方的协议，便开始征收一定的费用。西裕成的经理雷履泰眼光长远，看到这种汇兑业务很有前途，便争得财东李大全的同意，将西裕成颜料庄改组成为票号，取名为日昇昌。

　　无论是古代还是现代，中国人取名字都是很考究的。之所以将票号取名日昇昌，就是希望这门新兴的行业能够如同旭日东升般繁荣昌盛。日昇昌从它诞生之日开始，就以令人难以置信的速度迅速发展壮大起来。

　　日昇昌成立于清道光年间，约道光三年至四年（1823—1824年）。西裕成颜料庄首先在北京和山西间试行汇兑办法,收到了很好的效益,之后开始渐渐转向专营汇兑业。日昇昌成立之初,营业的主要对象是在各地经商的山西商人及江南的盐商、米商等。

日昇昌的汇兑事业蒸蒸日上,中国历史上第一家专业从事存汇款和拆借资金业务的票号闪亮登场了。说起汇票,其历史可以追溯到唐代。不过那时候不叫汇票,而叫飞钱。当时社会上流通的主要是铜钱,铜钱笨重,商人外出经商如果携带大量铜钱肯定不方便,而且财不外露,带着大量现金难免会引来祸事。该怎么办呢?商人将现金交给进奏院(相当于现在的驻京办事处,汉朝叫邸),拿着开具的凭证到指定的地方领取相应的钱款,这个凭证就叫作飞钱。

随着鸦片战争的爆发,社会更加动荡,盗匪丛生,日昇昌的业务开始拓展,清朝的官吏、地主、豪绅,甚至是走私商人都与票号有往来。此外,日昇昌还利用与官僚结托的关系,办理捐官鬻爵,包揽诉讼。日昇昌的汇兑业务蒸蒸日上。据估计,从道光到同治的50余年内,李大全从日昇昌票号中分红达200万银两以上。

日昇昌常年流水银两在千百万,在当时商界中的地位极高,有"天下第一号"与"汇通天下"的美誉。当时的从商之人以在日昇昌工作为荣。李氏对票号实行经理聘任制,一旦选定经理人,便将权力交到他的手中,对平时的经营概不过问,只到年终结账时,听取经理汇报,分红取利,并根据经理一年的业绩决定是否继续聘任他。

日昇昌票号在金融界活跃了90余年,但在辛亥革命中,遭到了致命的打击。在政乱中,四川、陕西的封装丢失30多万银两,清政府官吏垮台,所放300多万两款项无法收回。日昇昌于1914年农历九月倒闭,"于全国金融影响甚大"。

《大公报》曾刊载有关人士分析日昇昌倒闭的原因,主要有以下三点:

首先，日昇昌票号经营的中心"在南不在北"，以南方码头最多，受革命的影响甚大。其次，日昇昌的款项，在革命之前，多分配在南方，而革命之后，各省纸币充斥，现金缺乏。由南方调回的现金往返折扣，每百两亏损35两，甚至是五六十两，亏损之大令人惊叹。这使日昇昌再次受损。最后，革命时，日昇昌欠外500万银两，欠内七八百万银两，虽有盈，但欠内之成本已付诸东流，更不用说是利息，而为支持门面、维持信用，欠内的款项三年内未赢利。这三项亏损，导致了日昇昌的倒闭。

此外，日昇昌的倒闭还有三个与上述相近的原因。第一，广西官府催迫官款，动不动就用兵相逼，一年之中提取10余万两，且还日日催取。第二，日昇昌时任副经理梁怀文，才能在正经理郭斗南之上，人心皆向梁，但因在革命后极力阻止东家提用款项，不能讨东家欢心，无奈之下离去，因而"梁去人心为之瓦解"。第三，日昇昌"京号经理因号事吃紧，一去不归"。

以上的种种原因说明，日昇昌受革命影响，失去天时、地利、人和之优势，资金吃紧，终因无法经营而倒闭。

票号是一门全新的行业，雷履泰则是第一个吃螃蟹的人。雷履泰继承了祖辈血液里商人的特质，极富经商智慧，在西裕成当掌柜的这段时间里，他积累了丰富的实战经验，对历史上的汇票经验加以继承和发展，总结出一套属于自己的经营秘诀。

知识链接

飞钱

飞钱始于唐宪宗元和初年，有两种形式：一是官办，商人在京城把钱交给诸军、诸使或诸道设于京城的"进奏院"，携券到其他地区的指定地方取钱；二是私办，大商人在各道或主要城市有联号或交易往来，代营"便换"，以此牟利。这种汇兑方式一方面减少了铜钱的需求，缓和了钱币的不足，同时商人前往各地进行贸易活动时，亦减轻了携带大量钱币的不便。

无徽不成的"徽商"

徽州商人，又称"徽帮"，形成于唐宋时期。我国古代理学的集大成者——朱熹，他的外祖父祝确经营的商店、客栈占徽州城的一半，于是得了一个"祝半城"的外号。祁门程氏兄弟经商发财致富，号称"程十万"。徽商在明代逐渐走向高峰，主要经营盐、粮、茶、布、典当、木材等行业。这时的徽商已经完全跨越了地域，遍布全天下，出现了百万级的富商。清代时，徽商达到了顶峰，出现了千万级的巨商。但由于封建统治的日益衰弱，徽商也不得已走向衰亡。

徽商可以说与晋商齐名，遍布全国各地。并且经营的品种特别广泛，有盐、棉布、粮、木、茶等。

明代嘉靖、万历年间，徽州的一些盐商拥有数十万甚至百万的资产。后来，徽州盐商的实力越来越壮大。乾隆南巡时，一名徽商就极尽奢华，大肆铺张，徘徊接驾，赢得了皇帝的欢心。徽商能以一介布衣的身份迎接巡游的天子，可见其财力的雄厚。

徽州人从唐宋时期开始，很重视粮食的经营，但当时规模并不大。明代中期，苏州、浙江一带的粮食需求量加大，善于经营粮食产业的徽商便

朱熹像

一下子扩大了规模。一个主要从事粮食贸易的商帮登上了历史舞台。乾隆时，一位徽州商人经过汉阳地区时，碰巧赶上当地有灾荒，他一下子就在那里抛售了上万石米。

而麻布、棉布类更是成了徽商的垄断产业。苏浙盛产棉布的城镇，简直成了徽商的聚集地。他们有的以低廉的成本收购散棉布，有的开设布行。清朝在苏州、松江的几十家布行都是徽州商人经营的。生意逐渐兴隆的布商又把眼光投向更远处，他们在常州、上海也开设了布行。染出的布色泽鲜艳，备受欢迎，为了提高声誉和防止假冒，每个布行还在布上印上自己的独家标记。有的布商一年甚至能卖出百万匹布。

徽州地区的茶叶贸易历史悠久，可以追溯到宋元时期。乾隆时，徽州商人在北京开设的茶行达到7家，茶商字号达到100多家，小茶店数千家。徽州茶商的足迹遍布了汉口、九江、苏州、上海等长江流域的城市。明清时期茶叶更是远销海外。

另外值得一提的是徽州的木商，徽州山区盛产杉木，南宋时徽州人就开始做木材生意了。随着苏浙地区经济的发展，徽州山区的木材量已不能满足需要，徽州人便向江西、湖北、湖南、四川等地开辟货源。湘西德山镇的徽州商人络绎不绝，长年在这里管搬运的劳工达到几千人。木商的规模也很大，万历年间，北京修建乾清宫、坤宁宫，一位徽州木商便趁机请求采办"皇木"16万棵，可见其货源广阔、资本雄厚。徽商在南宋时期萌芽，元末明初发展壮大，明代初具规模，清代乾隆时达到鼎盛，嘉庆、道光年间开始衰败，前后达600多年，称雄300年，贸易活动领域遍布全国各地，并且商品远销日本、东南亚各国以及葡萄牙等，在世界市场上占有一席之地。"无徽不成商"叫遍天下，徽商对市场经济和中国近代对外贸易的发展都起到了很大的促进作用，在中国商业史上占有重要地位。

徽州流传这样一首民谣："有生意，就停留，没生意，去苏州。跑来拐去到上海，托亲求友寻码头。同乡肯顾爱，答应给收留。"

在外成功的徽商，往往会照顾自己的亲朋好友一起扩大商业，会与大家共同分享，规模大的商人甚至能提携百家千家，生意小的也能提携几家、几十家共同走上富裕之路。

徽商的这种团队精神，也在商场竞争中形成了一个集体优势。

当然，徽州也会出现一些不顾乡亲之情的人，这时，族中的长辈就会谆谆教导："家族中世世代代都在徽州保存着祖墓，如果你背离了家乡，你的后代即使富贵也会在亲情上有所缺失。如果你商业上出现滑坡，就会陷入孤单的困境，你要想好啊。"这种道德说教和宗族的传统，使徽州商人具有很强的凝聚力。

当徽商凭借凝聚力在商场中形成优势以后，往往会变一般经营为垄断经营，收取更大的利润。当年两淮地区的盐业、北京的茶业、松江的布业等，都被徽州商人垄断。

天将降大任于斯人也，必先苦其心志……徽商在成功的道路上克服挫折，演绎了许多积极进取、百折不挠的动人故事。

独占北方的"商帮"

　　山东商帮也称作"鲁商",在十大商帮中虽然不像晋商、徽商那样富甲天下,但也独占了北方的优势,在东北地区更是占尽地利、人和。山东商帮在兴盛时期控制了北京乃至华北地区的绸缎布匹、粮食销售以及餐饮行业等,可以说是纵横"商场",声名显赫。

　　山东人的性格特点就是直率淳朴、单纯正直,那么由山东人组成的山东商帮也同样具有直截了当的特点,他们很讲究商业道德,重信义,重商业规范。这就是山东商帮的致富道路,没有什么特别之处,但落实到实际,总是让人有种很实在、很踏实、很放心的感觉。山东商帮有两种主要的商业经营方式:长途贩卖和坐地经商。山东商帮并非晋商的"学而优则贾",也并非徽商那样"贾而好儒",山东商帮是好的地区的人也经商,不好的地区的人也经商。并且商人之间经商的动机和条件彼此相差很大,大多由封建性的商人组成,如大官僚、大地主、大商人。

　　山东商人的经营方式有独资与合资两种。资本雄厚的大商人往往会采用独资的方式,也有一些资本较小的小商贩。在买卖中,他们都讲求信义,按规定办事,给人留下很好的印象。合资经营者与今天的股份公司有类似的地方,会先立下一个合同来表示守信用。这是山东商帮的特点,也是山东商帮的独特经商武器,由于他们特别善于规范自己的商业行为,所以外地的商帮没有贬低山东商帮的。山东商帮不仅在大事上严格要求自己,在小事上也很注意约束自己的行为，他们践行了"细节决定成败"的商海品格。

山东省淄博市的周村，有"天下第一村"的美称，还享有"旱码头""金周村""丝绸之乡"的美誉。电视剧《大染坊》的故事就取材于周村。周村自古就是商业发达的地区，明末清初时与广东的佛山、江西的景德镇、河南的朱仙镇并称为中国四大"旱码头"，后来形成以镇中大街为中心的古代商业街市。这是许多山东帮老字号的摇篮，北京著名的瑞蚨祥绸缎庄就发源在那里。

早在明代，东北就与关内贸易关系密切，清代实行贸易开放政策，山东商人出入东北更加频繁。据记载，乾隆十三年仅仅在宁古塔、船厂两地的山东贸易佣工就达到了三四万人。开始的时候山东商人并不带着妻儿老小，仅仅是去东北做生意。后来政策开放以后，山东商人逐渐开始定居东北，"每年去东三省贸易之人有5000余人"，山东商人是主要组成部分。在闯关东的山东商人中，又以今山东龙口市的商人最多。据史料《黄县故事》的记载，东北三省简直就是黄县人的第二故乡了，从大都市到小屯子、小窝棚，到处都是黄县人的身影，黄县人在东三省的商场纵横驰骋，商绩辉煌。在佳木斯的桦川县，山东商人竟然占了整个县人数的70%，使该县留下了"小黄县"的别称。康熙年间，黄县单家村的兄弟二人，在盛京开设了一个跨行经营的作坊，经过积累，在清代超过了奉天城所有的商家，拥有最大的规模、最全的货物。

百年之后，在东北各城市的商业中，山东商帮已经是首屈一指。清代的时候，营口和大连已经有了商会的雏形，叫"公议会"。公议会由商业界的著名人士组成，控制着整个城市的工商业。1904年，山东商人在大连的公议会里占一半。1905年，山东商人在营口的公议会里占三分之一，他们经营油坊、粮食、杂货等，后来粤商在当地经营失败，退出了公议会，山东商帮的权力就更加大了。清末的时候长春的大小商铺有1200多家，其中的

当铺、绸缎、粮业几乎都被山东商帮垄断。清末的哈尔滨有4000多家商埠，油坊、绸缎、烧锅、皮货等实业性质的山东商号有500多家。到了民国初年时，哈尔滨商会的会员有20人，竟然全是山东人，成了不折不扣的山东商会。

山东商帮讲求商业道德，重信义，讲求细节，严格要求自己。山东商人在历经磨砺之后，开辟了自己的一片天地，留下了许多誉满全国的百年老店。

瑞蚨祥绸布店就是鲁商经营的一家老字号商店。它的创始人是山东章丘的孟洛川，随着经营规模的不断扩大，逐渐从章丘到周村，再到烟台、青岛、天津、上海、北京。这家店铺充分体现了鲁商的经营特点：严格而规范。首先，在货物的来源上，孟洛川为了保证布匹的质量，对所进货物的花色、规模有严格的要求，验货时更是仔仔细细、一丝不苟。他们不仅要检查质量，对布匹的花色、幅宽、长度、分量也都一一验收，如果厂家提供的货物有一项不符合他们的要求，他们不但退回货物，还要索赔损失。第二，他们重视店面以及员工的形象，瑞蚨祥有自己的店规：售货人员一律穿长衫，不能吃味道很重的食物，不能与顾客吵架，相互之间不能聊天，不准吸烟喝酒等。第三，在与顾客打交道时，更要力争让顾客满意，奉行顾客至上的原则。

瑞蚨祥的这种讲求细节的规范做法，为他们赢得了越来越多的顾客。

在餐饮业上，山东商人依然经营得很出色，东兴楼饭庄也是一个注重细节的成功酒楼。这家饭店创建于光绪二十八年，有着严格的管理制度。首先，店主规定菜要做得清、素、鲜、嫩，油不能过多。其次，采购菜的人要做到选料精、制作细、质量高。第三，酒店的布置也有一番名堂，桌布是花布，筷子是象牙筷，勺子是银的，碟子是蟠龙花纹的。第四，他们也要求员工不能聊天，不能随便离开岗位。

这样严格的管理制度，使得东兴楼常年顾客盈门，甚至有些外国商人也经常光顾。年盈利达到四五百万两银子。

商界翘楚：乔致庸

祁县乔家经过几代人的努力，从社会的底层一步步发展，终得以成就荣华富贵。乔家先祖乔贵发，是一个无依无靠的单身汉，迫于生活，出走口外。他先是给人当伙计，干杂活，后与秦姓合伙开了一家草料铺，并磨豆腐，生豆芽，做烧饼。由于精打细算，省吃俭用，苦心经营，生意日渐兴隆。后来，他们开设商号广盛公，经营绸缎布匹、副食杂货等，有时也做粮盘、钱盘、贩马等生意，渐渐成为包头小有名气的财东。乔贵发后来回乡娶了一个寡妇，带有一个儿子，又生了二子。乔贵发告老还乡后，他的三个儿子接手经营，后来改名为复盛公，以乔姓"大吉堂""进修堂""德兴堂"和秦姓"三余堂"的名义合股开设。以后秦姓子弟过度挥霍，入不敷出，最后从商号退股，由乔家独资经营。乔家后增设复盛全、复盛西、复盛协、复盛锦、复盛兴、复盛和等字号，形成了一个庞大的"复"字号商业网络。

复字号的兴盛，除了经营灵活，审时度势、取信于人外，在资金使用上的统一调度使用，也是其成功的秘诀所在。复盛公、复盛全、复盛西的公积金都存在统事"德裕永堂"名下，俗称"厚成"，东伙都不得擅自动用，遇有生意亏赔或紧急需款时才准支用。在内部管理上，复字号之中连掌柜在

内，一律不准携带家眷，不准嫖妓和纳妾，不准吸大烟、吃馆子。如有必要应酬，须经坐柜大先生许可才行。职工做事出色，立刻破格提升，并加身股；遇有犯错，就要给予处罚，或开除，或抹去身股，或减其劳金。总之，要做到赏罚分明。经过乔家几代人的努力，终至家业兴旺，显赫于世。

"在中堂"在国内尤其是北方的大中城市，几乎都有它开设的生意字号，其财力与影响，在国内都是举足轻重的。

"在中堂"当时主要经营粮、钱、当等行业。乔家创业于清代乾隆初年，到20世纪40年代，在帝国主义官僚资本的打击下，终于衰败，历时达200多年。

当年，"在中堂"房产、地产颇多，仅包头就有房屋1000多间。乔家堡作为乔家的家乡，有土地200多亩，房屋400多间。在祁县城内及北京、天津、太原等地，也有一些房产，至于家中的金银、古玩、珍宝，那就难以讲清了。

时至今日，乔致庸的创富传奇仍然让人感觉心潮澎湃。一个好汉三个帮，乔致庸之所以能够成为中国古代超级富豪，跟他慧眼识才，知人善用也是分不开的。他始终显得很谦恭，对那些有才华的人很看重，不惜花大价钱聘用他们。

乔致庸的成功离不开他的三大职业经理人。其中一位是他的高级顾问孙茂才。孙茂才，原本是个卖花生的。当初在前往太原赶考的时候，乔致庸跟他还因为几颗花生米起过争执。后来二人在龙门口舌战主考官，不由得惺惺相惜，促膝长谈之后，觉得很投机。

适逢乔家大难临头，孙茂才前来投奔。几乎乔家所有人都看不上这个穷秀才时，乔致庸却力排众议，以300两白银的年薪聘请孙茂才给他当掌柜。在当时，300两白银的年薪可是天价，那时山西一个知县年薪也不过区区50两白银。

事实证明，乔致庸确实有独到的眼光，孙茂才确实是一位优秀的经商人才，加之与乔致庸的私人关系，他又扮演着"军师"的角色，不仅为乔致庸策划，也为其本人和家庭出主意。

当乔致庸用当年达盛昌对付他大哥的办法来对付达盛昌时，准备将仓库里囤积的高粱和草料全部卖给达盛昌时，孙茂才却站出来劝乔致庸得饶人处且饶人，并劝说乔致庸为山西商界树立榜样，确立诚信经营的典范。

乔致庸从谏如流，将祖辈留下来的商规信条进一步完善，确立了乔氏家族义、信、利的商规，并对乔氏企业进行了股份制改革。乔致庸的举措虽然引起商界元老们的极力反对，但他凭借巧妙的策略成功推行了自己的商业思想，在商界树立了少年英才的威信。

后来，乔致庸准备重新打开南

乔家堡一号院

北丝茶通道，得到了孙茂才的大力支持。随后，乔致庸又北上恰克图，抵达中俄边境，跟俄国人签订了边贸备忘录。从此，乔氏企业算是走出了国门，为不久之后进军票号业打下了坚实的基础。

可惜，人心难测，孙茂才被接连不断的胜利冲昏了头脑，在汇通天下这个目标上与乔致庸意见相左，俩人渐渐开始疏远。到后来，孙茂才经不住金钱美色的诱惑，中了达盛昌崔大掌柜的美人计，准备诱骗乔家大奶奶，也就是乔致庸的大嫂，与乔家平分家产。

孙茂才这样卑劣的行径令对他有知遇之恩，将他引为知己的乔致庸感

到无法接受，雷霆震怒下，将之辞退。

乔致庸一生待人随和，讲究诚信为本、"以德经商"。晚年的乔致庸一改以往不治家宅的传统，于同治初年（1862年）开始在家院附近购置地皮，大兴土木，修建了规模庞大的宅院，即著名的"乔家大院"，至今保存完好，是山西民居的代表。

世界首富：伍秉鉴

2001年美国《华尔街日报》做过一期调查，题目是"从古至今，全世界最富有的五十人是谁？"其中中国有6人入选，分别是成吉思汗、忽必烈、和珅、刘瑾、宋子文和伍秉鉴。

这6人之中，唯独伍秉鉴是商人出身，与其他5位相比，伍秉鉴知名度低了不少，甚至到现在知道他的人也不多。

伍秉鉴，字成之，号平湖，别名敦元、忠诚、庆昌。在广州出生，出身于经商之家。从小自学成才，可谓是当时有名的贸易家、慈善家。

说起伍氏家族的发迹史，要追溯到康熙的时候。当时清政府为了缓解政府财政压力，曾下令废除了自明朝以来就施行的禁海令，在东南沿海设立粤、闽、江、浙四大港口。港口开放了，不用再偷偷摸摸走私，因此大量的外国商人涌入中国从事贸易。伍秉鉴家世代经商，康熙年间，他的祖辈因为事业发展的需要举家迁徙到广东，到他的父亲伍国莹这辈时，伍家已经积累了几代人的财富，颇有家底。1783年，伍国莹觉得时机已经成熟，于是迈出了事业上最重要一步，成立了怡和行。伍国莹将怡和行经营得有声有色，成功地在官商竞标中脱颖而出，成了广州十三行之一。

在怡和行成立的时候，伍国莹给自己取了一个商名——浩官。以"官"作为名字，在当时的广州是一种尊称，代表这个人的社会地位和财富资产。但是，许多初来乍到的洋人却不知道这么多规矩，误以为"浩官"就是老板的真实名字，于是在约定俗成之下，这个商名就逐渐成为商界的一种品牌。

"浩官"逐渐成了业内一块响当当的招牌，即使在伍国莹死后，"浩官"这个商名依旧为其子孙所沿用，成为19世纪前期国际商界一块金字招牌。

1801年，伍国莹因病去世，32岁的伍秉鉴接手了父亲的事业，成为新任"浩官"，执掌怡和洋行。伍秉鉴出生在商人世家，从小耳濡目染，很有商业天赋，在他的带领下，怡和行的业务迅速崛起，不仅将他父亲手中的客户延续了下来，还同欧美各国建立起了紧密联系，生意越做越大。

在经营方面，伍秉鉴抓住了海外贸易商机，依靠超前的经营理念，在对外贸易中脱颖而出，成为广州首屈一指的巨富。随着对外业务的发展，伍秉鉴与英商和美商贸易额每年达到百万两白银，怡和行也因伍秉鉴的精明运作而名扬天下。

当时，清朝最重要的创汇产品是茶叶。欧洲人品茶的理念与中国人不同，伍秉鉴认真研究了他们的口味，投其所好，研发制作了针对欧美市场的品种，他公司供应的茶叶很快就获得了英国公司的认可，迅速占领了英国市场。此后，凡是装箱出国的茶叶，只要盖有伍家的封戳，都能卖出最高的价格。

当时的清政府已经日薄西山、危如累卵，为了保持事业发展的顺利，伍氏家族也不得不与朝廷官员保持着良好关系。这良好的关系自然离不开慷慨解囊，伍秉鉴是商人，知道这样做可以让事业通畅，并不介意。通过捐赠、报效等手段，伍秉鉴与清政府首脑成员和广东地方官建立了密切的关系，在官商结合之下，怡和行积累了巨额财富。

随着海外贸易的拓展，伍秉鉴接受了许多国外传入的先进经商理念，

他不仅在国内大力发展茶叶产业，还大力投资房地产行业，是洋人眼中的第一大富翁。以至于东印度公司在出现资金周转不灵的时候，第一个就会向这位来自中国的首富求助，而伍氏家族也成为东印度公司最大的债权人。

但作为封建时代的特权商人，在国内权宦的眼中，伍秉鉴只不过是一个工具。清朝实行捐纳制度，伍秉鉴也拿出大笔银子报效清政府，弄了个三品顶戴，成了真正意义上的官商。此外，他还凭借着对外贸易的有利条件，与外商、外国驻华代表保持着密切的关系。这时的伍秉鉴，已经与广州十三行的同仁潘振承、潘有度、卢文锦、叶上林一样成为行业内的首富。

当时，民间流传着这样的说法："洋船争出是官商，十字门开向二洋。五丝八丝广缎好，银钱堆满十三行。"瑞士著名的商船哥德堡号，当年就与广州十三行来往密切。在瑞典哥德堡图书馆就保存着一张该货轮第二次离开广州时广东海关发放的船牌。在这张古老的船牌上，不仅清楚地记载了当年"哥德堡"号离开广州的时间，还详细记录了水手人数、货物清单、武器装备等重要信息。

广州作为唯一的通商口岸，广东十三行享有海上垄断贸易的特权，外商无论是想要购买茶叶丝绸或者订制瓷器之类的大宗货物，还是往大清国长途贩运洋货，都必须跟十三行打交道。因此，广东十三行也成为与晋商、两淮的盐商并立的行商集团。

垄断必然带来暴利，十三行中的怡和行在伍秉鉴的经营下资产达到了顶峰，伍秉鉴也因此富甲天下。

扩展阅读 "一文钱"的故事

"一文钱"的动人故事，是有关一个苏州布店的来历。

曾经，有两个年轻的徽州商人，姓名已经不能考证，就称为甲乙二人。他们结伴去苏州做生意，但是刚到苏州两个人就沉迷于苏州的繁华，拿着钱寻欢作乐，任意挥霍，忘记了来苏州的目的。一段时间以后，两个人还沉醉于苏州的灯红酒绿时，身上带的银子已经花光了。他们只能靠乞讨维持生活，这时两个人才开始后悔。到了年底，看着别人开始准备过年，他们却没有脸面回家见父老乡亲。

悲伤之余，甲从口袋里摸出一文钱，使劲扔在地上说："曾经那么多的钱都被我们挥霍了，只剩下这一文钱，有什么用呢？不如扔了算了。"乙此时忽然闪过一个念头，他赶忙去捡起那一文钱，说："这是我们仅有的一文钱，我们得珍惜啊，说不定我们凭借它能时来运转呢。你等一下，我去去就来。"甲仍旧有些低落，就没说什么。一会儿，乙带着许多竹片、稻草、旧纸和鸡鸭毛回来了。甲好奇地问："你这是做什么呢？"只见乙魔术般地拿出一袋面粉，和水调匀成糨糊，然后用草把竹片绑住，外面蒙一层旧纸，在旧纸上用糨糊粘满鸡鸭毛，一只逼真的禽鸟就做出来了。甲惊奇地问："我们现在露宿街头，只能喝西北风，你还有心思做这种小玩意？"乙只顾笑不说话，继续做着各种各样的禽鸟，一晚上就做了二三百只。

第二天一大早，乙就把甲喊起来，带着昨晚上做的禽鸟来到了附近的

热闹集市。游人越来越多了，甲乙二人把禽鸟摆好以后，女人孩子看见这些禽鸟做得如此逼真都抢着购买，一天的工夫，这二三百只禽鸟就卖得一只不剩，净挣了四五千文。这时甲才佩服起乙的心灵手巧，他也忽然想起一件事情，问道："昨晚我扔的那一文钱，你拿去做什么了？"乙笑一笑说："竹片、稻草、旧纸、鸡鸭毛这些东西都是我在街上捡的，你那一文钱我用来买面粉做糨糊了，你看，都用来粘鸡鸭毛了！"二人开心地笑起来。

后来，两个人努力进取，采购了各色纸张、鸡鸭毛，晚上一起做花、鸟、人、兽，白天一起去叫卖，两个月下来，居然挣了300万文。有了资本，这两个人便商量正规地做生意了，就选择了苏州布业最发达的地区开设了一个布店，并在布店的门牌上写了三个大字"一文钱"，表示对那误入歧途的艰苦岁月的铭记。据说这家布店历经200年仍然生意兴隆。

第三章

碧园皇庭
——独具特色的清代建筑文明

明清时期的建筑,无论在技术上还是在艺术上,都趋于完美。无论是从私宅府邸,还是皇宫庭院,抑或是园林建筑,总体上形成了独具特色的建筑风格。

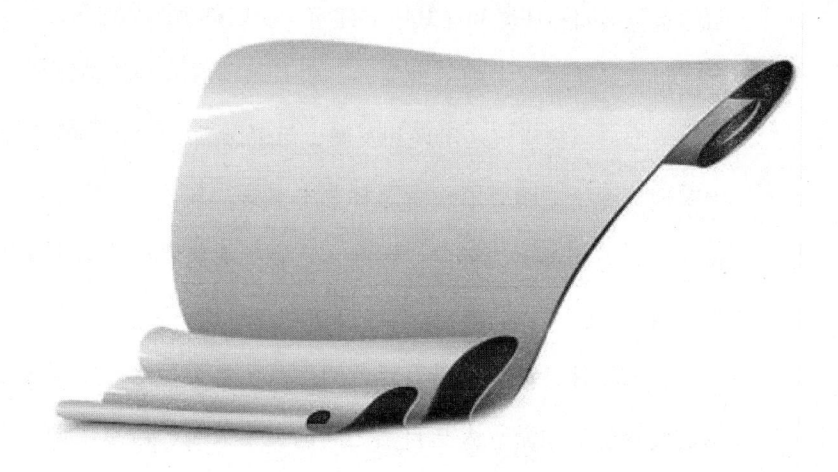

南秀北雄的园林文明

园林是人们模拟自然环境而创造的景观，或者是在自然环境的基础上，经过人们加工过的空间。在这个环境里，人们身体可以得到休息，思想可以得到陶冶。

自古以来，园林的形式很多，大到一个风景区、大型的苑囿和帝王的园林，小到一户人家的私家花园，乃至住宅之旁，居室前后，哪怕是很小的一块地方，布置几块山石，留出一洼水池，种以花木，也是园林。

中国的五岳和四大佛山，经过历代的开发、经营成了著名的风景园林区；北京的圆明园、颐和园、北海，承德的避暑山庄都是名扬世界的皇家园林；江南苏州、杭州、扬州更留下了众多的私家花园；加上散布在全国住宅、寺庙里的小园，构成了一幅中国古代园林的丰富画卷。今天我们要介绍的是包括园林环境和在其中的建筑，所以称为园林建筑。

园林是建筑艺术中出现最晚，也是最能在建筑中体现中国文化精神的重要类型。园林建筑之出现和发展，与中国画中后来崛起的文人画相类似。中国园林无论造园要求或者园林艺术本身，其艺术品格和精神性功能因素较之一般建筑都更为突出。因此，它也更能集中反映出中华民族的审美情趣与精神特征。

中国园林是世界上最具特色的建筑艺术类型之一。园林起源于中国人对心与物、居与游、人与自然之间的美学关系的诗意把握。中国园林又是对中国文人士子影响至巨的隐逸文化的基本载体。如果没有中国的文人士大夫阶层，没有这种对于隐逸文化，对于自然山林的深层向往，当然也就没有那种浸透了诗意禅境的自然观，也就不可能形成如此独特的中国园林。

明清时期是一个造园艺术集大成的高峰时期。从明代中叶开始，园林建筑艺术全面兴盛，而且也重视从理论上对园林艺术的总结。明末计成《园冶》一书，对园林各种事项有详细讨论。清人李渔著《一家言》，对居室、山水、花木均有专论。入清以来，园林艺术达到了前所未见的盛期。

从总体上看，园林艺术发展至清代，更显示出手法和意境上的许多共同特征。这些特征不但贯穿了中国整个园林发展的历史，也体现于不同流派与风格的园林中。

首先，中国园林的基本特色，是重视人与自然的统一关系。

其次，重视处理手法中的曲折多变与灵活通透。

最后，重视艺术传达的意境与文化品位。

由于这样的特征，也由于清代园林的各种成熟的造园手法，独特的布局样式与艺术结构，当时的中国园林建筑产生了世界性的影响。

就整体而言，清代园林比之以往，最为显著的变化是趋向奇巧精致，手法繁复细腻，这种特征至晚清更甚。园林艺术发展到清代，很多方面都已达到顶峰，同时又预示着一种新的历史性嬗变将要出现。

皇家园林代表着北方园林建筑艺术的最高水平与主要风格，它们以端庄稳重，布局严谨，舒展大度为基本特色。在清代，最著名的园林首推圆明园与颐和园。

私家园林，尤其是具有代表性的南方私家园林也是古代园林中很重要的一部分。

第一，南方私家园林产生的条件。

南方私家园林集中在今天的江苏、浙江一带，尤其是苏州、扬州、杭州

这几座城市为数最多。这不是偶然的现象，而是因为这些地区具有建造园林的自然、经济和人文等诸方面的条件。建自然山水园，要有山有水有植物。江南一带，江流纵横，河网密布，水源丰富。园林堆山，除土以外，不可缺石，江浙地区多产石料，南京、宜兴、昆山、杭州、湖州有黄石，而苏州自唐代以来就出湖石。湖石颜色有深浅变化，形态玲珑剔透，历来为堆山之上品。江浙地属温带，冬季无严寒，空气湿度大，适宜生长常青树木，植物花卉品种多，这些都给造园提供了充分的条件。

造园与建宫殿、寺庙一样，需要有经济条件。江浙自古以来就是富庶之地，手工业发达，苏杭自两汉以来就以盛产丝绸而闻名。随着商业的发展，城市繁荣，扬州在唐代就已经是重要的对外商埠了。经济的发达给造园提供了物质条件。

但是园林又不仅是物质建设，而且还是一种文化的建设，需要有人文的条件。江南自古文风盛行，南宋时盛行文人画与山水诗，随着朝廷的南迁临安（今杭州），大批官吏富商拥至苏杭，造园盛极一时。明、清两代以科举取士，这个地区上京做官的为数不少，这批文人告老返乡，购置田地，建造园林。尤其是清代后期，北方战乱，官僚商贾纷纷南逃，在江浙一带购地造园，苟安一方。这批文人懂书画，好风雅，精心经营自己的宅邸，参与自己的园林设计，使这个时期在造园的数量和质量上都达到一个高峰。

第二，南方私家园林的特点。

皇家园林和私家园林都属自然山水园，以模仿自然、得自然山水之真趣为上品，但它们又各有自己的特点。从园林的内容上看，皇家园林兼有朝政、生活、游乐的多种功能；而私家园林则有待客、读书、游乐的要求。从规模上看，皇家园林占地大，有几千亩之广，多选择在京城之郊；而私家园林附设在住宅之旁，占地不大，多者几十亩，小者仅几亩之地。从园林风格上看，皇家园林追求宏伟的大气魄，建筑金碧辉煌，颜色五彩缤纷，讲求园林的整体构图；而私家园林则追求平和、宁静的气氛，建筑不求华丽，色彩讲究清淡雅致，力求创造一种与喧嚣的城市隔绝的世外桃源境界。

第三，私家园林的造园手法。

私家园林多设在宅邸之旁，除住宅外，它有待客、读书、游乐的多种要求。在功能上，住宅要隐蔽，读书处要安静，待客厅堂要方便，而游乐部分要有自然山水的趣味。在几十亩，乃至几亩之地的范围里用什么方法才能达到这些要求呢？也就是说，在园林的设计与建造上采取了哪些手法呢？

首先在布局上，采取曲折多变的手法，这样才能在有限的空间里创造出丰富的景观。这种手法表现在道路的设置上，多用曲折多弯的形式而切忌用径直的大道。沿着弯曲的道路，巧妙地安设风景点，让游人一路走来，可以见到不同的景致，在有限的空间里，延长观赏的路线。

这种手法还表现在景点的形象设计上，切忌雷同，而尽量采用多种不同的式样。廊子在春、冬季多雨，夏日炎热的南方园林中是不可缺少的建筑形式。但廊子很少用直线形式，而是沿墙而建，有时紧贴墙身，有时又离墙而行，成为多边多方向的折廊；有时随着山势或上或下成为爬山廊和跌落廊；有时驾廊于水面而成水廊；随着这些廊子的高低上下和左曲右弯，都设置了不同的景点。有时面对着小亭一座，有时能见到墙根下的堆石和竹丛，有时直通建筑的入口，廊子成了一座园林观赏景色的最佳路线。景点的设计以建筑为主，有厅堂、亭榭、画舫、楼阁；但又不限于建筑，一处堆石，一棵古树，一丛翠竹都是可供观赏的景点，它们的形象各具特色，随着弯曲的道路，先后不同地展现在游人面前，真正达到了步移景异的绝妙效果。

其次，善于将自然山水的形象加以概括和提炼而再现到园林中来。在不大的空间里要创造出具有自然山水之趣的环境，就必须对自然山水的形态进行认真的观察研究，加以概括和提炼而典型地再现于园林之中，这样

才能做到小中见大，得自然之神。

最后，讲究园林的细部处理。要做到小中见大，除要在布局、模仿自然山水上下功夫外，很重要的是十分讲究细部的处理，这里包括建筑、山水、植物各方面的细部处理。私家园林建筑类型并不少，有待客的厅、堂，有读书作画的楼轩，有临水的船榭，还有大量的亭、廊，亭子和廊又有不同的形式。建筑上的门窗更是多样。门有长方门、圆洞门、八角门，还有梅花形、如意形和各种瓶形的门；墙上除普通的窗外，还有花窗、空窗、漏窗，窗上的花纹，仅在苏州园林里就可以找出一二百种式样。连园林的地面都是用砖、瓦、卵石拼砌出各种不同的花纹图案。石头除用作堆山外，还喜欢以独立或组合的形式供观赏。造园者选用颜色深浅有变化，形象玲珑剔透的石块，配以少许植物花草，放置在厅前、墙下，犹如一件大型盆景任人欣赏，在这里，堆石已成为独立的雕刻艺术品了。

万园之园：圆明园

圆明园始建于康熙朝，完成于乾隆时。这里本是一片平地，既无自然的山丘，也没有已经形成的湖面。但是地下水源却十分丰富，可以说挖地三尺即可见水，所以确是一处建造园林不可多得的佳地。在这样的自然条件下建园，自有它的特点。

特点之一是平地造园，以水为主。圆明园中有大型的水面如福海，它宽达600米，处在全园的中心，湖中建有岛屿；有中型水面如在正门北面的

圆明园

后湖及长春、万春两园内的湖，长宽约二三百米，隔湖观赏对岸景色，尚可历历在目；有小型水面无数，山前房后，一塘清水，比比皆是；还有回流不断的小溪小河，如同园内纽带，将大小水面串联成一个完整的水系，构成为一个十分有特色的水景园林。正因为是平地造园，水面是挖出来的，挖湖堆山，一举两得，所以湖多山也多，大小土丘加起来约占全园面积的三分之一。只是这些土山都不高大，并没有破坏圆明园的水景特点。

特点之二是园中造园。圆明三园，规模宏大，但它没有清漪园万寿山和北海琼华岛那样的山峰可以作为全园的风景中心，它是用一组组小型园林布满全园的。这些小园或是以建筑为中心，配以山水树木；或是在山水之中，点缀各式建筑，围以墙垣，形成一个个既独立又相互联系的小园，组成无数各具特色的景观。这里有处在宫门内供皇帝上朝听政用的正大光明殿；有以福海和海中三岛组成，象征着仙山琼阁的"蓬岛瑶台"；有供奉祖先的庙宇安佑宫，设有佛殿的小城舍卫城；有建造在水中，平面呈"卍"字形的建筑"万方安和"。乾隆皇帝几次下江南，便想把苏州、杭州一带的名园胜景统统带到园里，于是圆明园里出现了苏州水街式的买卖街，杭州西湖的三潭映月、柳浪闻莺、平湖秋月等著名景观，只不过这些江南胜景在这里都变成了小型的、近似模型式的景点。

特点之三是园中的建筑形式多种多样，极富变化。建筑的平面除长方、正方形以外，还有工字、口字、田字、井字、卍字、曲尺、扇面等多种形式；屋顶也随着不同的平面灵活地采用庑殿、歇山、硬山、悬山、卷棚等形式；仅亭子就有四角、六角、八角、圆形、十字形，还有特殊的"流水"亭；廊子也分直廊、曲廊、爬山廊和高低跌落廊多种。

乾隆时期还在长春园的北部集中建造了一批西洋式的石头建筑。这批建筑由当时在朝廷做事的意大利传教士、画家朗世宁设计，采用的是充满了繁琐的石雕装饰，被称为欧洲"巴洛克"式样的形式，建筑周围也布置着欧洲园林式的整齐花木和喷水泉等。可以说这是西方建筑形式第一次集中地出现在中国。

圆明园就是这样由不同大小的水面、不同高低的山丘和形式多样的建筑形成的各具特色的景观。在雍正时期就形成了24景，乾隆时期又增加了20景，加上长春园的30景和绮春园的30景，形成占地5000余亩、共有100多处景点的宏大的皇家园林，所以西方有人把圆明园称为"万园之园"。

园林博物馆：颐和园

1750年，乾隆以庆贺母亲皇太后60大寿和整治京城西北郊水系的双重名义，开始改造和经营颐和园。造园者首先将原来的瓮山和西湖加以改造，扩大了水面，在湖的东面筑成一道东堤，设有水闸，在湖的西面留出一条西堤，组成一个具有蓄水功能的大小三个水面的湖泊，定名为昆明湖。同时在瓮山上下大兴土木，在山的南坡中央建造了大报恩延寿寺，将瓮山定名为万寿山以庆贺皇太后大寿。于公元 1764 年建成了占地 4000 余亩，水面占 3/4 的又一座大型皇家园林——清漪园。

清漪园可以划分为三个大的景区。一是万寿山东部的宫廷区。凡属离宫型园林都有供皇帝上朝听政的地方，所以在清漪园的东宫门里有一组宫廷建筑群。其中有皇帝听政的仁寿殿，住宿用的玉澜堂、宜芸馆和乐寿堂，以及成组的服务性建筑。它们也是采用传统的前朝后寝的布局，仁寿殿在前，寝宫在后。

第二个景区是前山前湖区，这是清漪园最主要的部分。万寿山经过改造，形成坐北面南，前临湖水的良好格局，在山的前坡中央建有一大组大报恩延寿寺建筑群。寺的山门、大殿、佛塔沿着轴线，随着山势，由山脚到山顶，顺序安置在山坡上。其中最高的原为一座高九层的宝塔，还未完工，发现有倒塌危险，拆除后改建为供佛像的楼阁，即佛香阁。这一组建筑金碧辉煌，成了整座清漪园的风景中心。

在它的两边，布置着成组的建筑，其中有宗教建筑转轮藏、五方阁；有游乐建筑画中游、听鹂馆、景福阁；还有许多可供休息玩乐的院落建筑。特别是在万寿山的南面脚下，沿着昆明湖岸，建造了一条长达 728 米的长廊，自东往西，贯穿整个前山区。人们漫步廊中，外观湖光山色，里望组组宫殿与住所。廊里每一间廊子的梁架上都画满了不同题材、不同内容的彩画。长廊，成了一条绚丽多彩的画廊，一条观赏园内不同风光的游廊。前湖经改建后，用堤岸分隔成了三个湖面。西堤是模仿杭州西湖的苏堤，在堤上也建了六座桥。在三个湖中各有一岛，象征着东海中的蓬莱、方丈和瀛洲三座仙山。登上万寿山，近处的昆明碧水，远处的万顷良田，相连成片，一望无际，园林风光在这里得到了无穷尽的伸延。

三是后山后湖区。万寿山的北麓，紧靠着围墙，地势狭窄，本没有什么

景致，但造园者却巧妙地在山脚下沿着北墙挖出一条河道，并且使河道形成宽窄相间的湖面，用挖出的土就近在北岸堆成山丘，两岸密植树木，然后将昆明湖水自万寿山的西面引入后山。这样就造成了夹峙在山丘之间的一条后溪河，在这条河的中段还模仿苏州水街建造了一条买卖街。

泛舟后湖，或处于自然山林之间，湖面忽宽忽窄，忽明忽暗，山重水复疑无路，柳暗花明又一村；或进入繁华市街，两岸鳞次栉比地排列着各式店铺。登岸步入后山山道，则两旁高树参天，树荫深处，散布着组组亭台楼阁。到了后山的东头还出现一座谐趣园，这是模仿无锡寄畅园建造的园中之园。小水一塘，四周布置着楼台亭榭，环境宁静清幽，别有洞天。整个后山，变成一个与开阔的前山前湖迥然不同、十分幽静的景区。

最大帝王宫苑：承德避暑山庄

承德避暑山庄是中国古代帝王宫苑，位于河北省承德市市区北部。始建于康熙四十二年至康熙四十七年，历经清康熙、雍正、乾隆三朝，耗时89年建成。与全国重点文物保护单位颐和园、拙政园、留园并称为中国四大名园。1994年12月，避暑山庄及周围寺庙（热河行宫）被列入世界文化遗产名录。2007年5月8日，承德避暑山庄及周围寺庙景区经国家旅游局正式批准为国家5A级旅游景区。

承德避暑山庄原称热河行宫，康熙五十年，康熙亲笔题名为避暑山庄，也叫承德离宫。它也是康熙处理政务、举行各种大典、接见朝臣的场所，是清朝又一个政治中心。

避暑山庄的营建，大至分为两个阶段：

第一阶段：从康熙四十二年（1703年）至康熙五十二年（1713年），开拓湖区、筑洲岛、修堤岸，随之营建宫殿、亭树和宫墙，使避暑山庄初具规模。康熙皇帝选园中佳景以四字为名题写了"三十六景"。

第二阶段：从乾隆六年（1741年）至乾隆十九年（1754年），乾隆皇帝对避暑山庄进行了大规模扩建，增建宫殿和多处精巧的大型园林建筑。乾隆仿其祖父康熙，以三字为名又题了"三十六景"，合称为避暑山庄七十二景。

康熙二十年（1681年），清政府为加强对蒙古地方的管理，巩固北部边防，在距北京350多公里的蒙古草原建立了木兰围场。每年秋季，皇帝带领王公大臣、八旗军队，乃至后宫妃嫔、皇族子孙等数万人前往木兰围场行围狩猎，以达到训练军队、固边守防之目的。

为了解决皇帝沿途的吃、住，在北京至木兰围场之间，相继修建21座行宫，热河行宫就是其中之一。在英法联军攻打北京时，咸丰皇帝就带着一批大臣逃到了这里。

承德避暑山庄由宫殿区和苑景区两大部分组成，总面积为564万平方米。整个山庄的南部为宫殿区，有正宫、松鹤斋、万壑松风、东宫四组建筑，是皇帝处理朝政和居住的地方。苑景区又可分为湖区、平原区和山区三部分。

清代皇帝在山庄南部的宫区处理日常政务和居住，这一景点由正宫、松鹤斋、万壑松风和东宫四组建筑组成。宫殿青砖素瓦，参天古松环绕在其四周，与北京故宫的庄严豪华形成鲜明对照，"澹泊敬诚""四知书屋""烟波致爽""云山胜地"等宫殿是其主要建筑。

湖区在宫区以北，此处湖光变幻，亭榭掩映，洲岛错落，花木葱茏，完全是一派江南景色。月色江声、青莲岛、如意洲、金山、清舒山馆、戒得

堂、文园狮子林等多个大小不同、形状各异的洲岛分布在湖面上，以桥、堤将这些小岛连接起来。

平原区位于湖区以北，当年此处碧草无边，野兽奔走，大有边塞牧区景色。著名的万树园，曾经是当年的赛马场。

避暑山庄建成后，康熙皇帝每年都会在此住上半年。因为满族是我国的北方民族，秋冬畏寒、春夏避暑是北方民族一贯的生活习惯，康熙皇帝两地移居也是满族生活习俗的体现。

独特民居：四合院

清朝民居建筑丰富多彩，形成了特有的民居文化。这些民居按布局分成庭院式、窑洞式、干栏式民居等七类。庭院式民居中以合院为主，而合院式民居中又以北京的四合院最为典型。

北京四合院的形式，其形成的年代很早，可以上溯到先秦。但直到明代，其形式才固定下来。到了清代，其建筑数量达到高峰。这种住宅形制，无论在应用上、结构布局上，还是在材料的选用上，都已基本定型。

北京四合院的"四"是指东、西、南、北四面，"合"就是把四面房屋围在一起，形成一个"口"字形的结构。经过数百年的营建，北京四合院从平面布局到内部结构、细部装修都形成了京师特有的京味风格。

当然，北京四合院的种类是很多的，有小型的一进的，也有复杂的多进的，甚至还有几条中轴线并列而多进的。有的大宅往往还有花园。

北京正规四合院一般是东西方向的胡同，坐北朝南，有一条严整的南北向中轴线。宅的入口多布置在东南角上，这完全符合民俗，因为人们对东和南有好感。进门之后，迎面一块影壁，壁上饰有精致的砖雕，影壁在空间上还起到轴线转折的作用。从空间艺术上说，转弯抹角也是一种含蓄的手法。

进入宅内，是一个狭小的院子，南侧有一排朝北的房子，叫"倒座"，这是仆人住的地方，也可供来客过夜，其他则堆放杂物等。小院的北首有一垛墙，正中（宅的中轴线）有一门，装饰华丽，叫垂花门，门内一个大院，即宅的主院。基本形制是分居四面的北房、南房和东、西厢房，以北房为正屋，北面正房称"堂"，大多为三间，遵守着明清朝廷"庶民庐舍不过三间五架，不许用斗拱，饰彩色"的规定。正房开间和进深尺寸都比厢房大，故体量最大。

正房左右接出耳房，由尊者长辈居住。耳房前有小小的角院，十分安静，所以也常用作书房。这种一正房两耳房的布局称作"纱帽翅"。正房前，院子两侧各建厢房，其前沿不超越正房山墙，厢房是后辈们的居室。正房、厢房朝向院子都有前廊，把垂花门与这三座房屋的前廊连接起来，廊边常设坐凳栏杆，可在廊内坐赏院中花树，所有房屋都采用青瓦硬山顶。

四周再围以高墙形成四合，大门开在宅院东南角"巽"位。房间总数一般是北房5间，东、西房各3间，南屋4间。一个四合院面积约200平方米，连大门洞、垂花门共约17间。

清朝满族人入关后很快接受了这种民居形式，使四合院在清朝盛极一时。甚至还传到了满族的老家——吉林。现在吉林很多地方的民居都还是四合院。

北京四合院在清朝达到极盛，对当时以及以后的民居建筑都产生了极大的影响，成为汉族典型民居建筑。

知识链接

蒙古包

毡包房，又称"蒙古包"，古人称"穹庐"，是一种圆形的房屋。相传这种建筑形式由来已久，《汉书》中说："匈奴父子同穹庐卧。"《后汉书》中也说："随水草放牧，以穹庐为舍，东开向日。"毡包的形状，好似想象中的天穹宇宙，平面、屋顶都为圆形。具体的做法是先在地面上划一个圈（直径约4—6米），然后在圆周上立四尺左右高的柱子，使之纵横相连，变成一个网状的围护体骨架，并可收起来，拆装很方便。骨架的外面则包羊毡，再用骆驼皮条系住，以抗风寒。上面覆盖一个伞形的屋顶，也是装配式的，可以收起来。在包的顶端，一般做成正圆形的天孔，即天窗，能采光，可以开闭，也可以作为换气孔、排烟口。

独一无二的"土楼"

土楼是分布在中国东南部的福建、江西、广东三省，以生土为主要建筑材料，生土与木结构相结合，并不同程度地使用石材的大型居民建筑。土楼的历史源远流长，它产生于宋元时期，到清代达到成熟，并一直延续至今。在清代福建土楼最为昌盛。

闽西南靖县坎下的怀远楼，是一座中型的圆形土楼。此楼直径近40米，共有四层。这座楼的外环为穿斗式木结构屋，外围用夯土墙，上薄下厚，底层墙厚达 1.3 米。这四层的用途是：底层为厨房、杂屋，二层是粮仓，三四层是起居室及卧室。环的内侧有廊环通，设有四座楼梯（公用），分别设在东北、西南、东南、西北四处。环内中心设圆形小屋，为祖堂。在祖堂内有半圆形的小天井。祖堂外环墙不开窗。墙外建有披屋，为各家的猪圈、鸡舍等杂屋。全楼仅有一个大门，位于宅南。底层不对外开窗，二层只开小窗洞。顶层在楼梯间位置伸出四个瞭望台，作为防卫之用。整个土楼坚实雄伟，像一座大型的堡垒。

　　这种土楼的出现不是偶然的，因为在历史上，这个地区各氏族之间经常发生格斗，甚至发展到武装冲突。为了保卫自己氏族的安全，要求一个家族的各户人家集中住在一起，于是出现了这种能够容纳几十户人家的大型住宅。土楼有很多种形式，其中最引人注目的是圆形土楼，简称为圆楼。据多数学者认为，这种圆楼应是由方楼逐步演变而来的。这是因为无论从使用还是从结构、建造等方面来讲，圆楼都比方楼优点多。例如圆楼可以分作同样大小的房间而没有死角；屋顶施工也没有方楼屋脊十字交叉的结头；圆楼对风的阻力比较小；抗震能力比方楼要强；等等。

　　现存的圆楼外围直径小者五六十米，大者八九十米，以建于清代中叶的永定承启楼为例，外围直径约为 62 米，里面用三层环形房屋相套，共有房间 300 多间，最外一环高四层，底层为厨房和杂物间，二层储存粮食，三层以上住人，中心一环为单层的堂屋，是族人议事、举行婚丧典礼和其他公共活动的地方。

　　这么大的圆楼是怎样达到防卫目的的？从圆楼结构上看，首先是外围用高大厚实的墙体。墙厚少者 1 米，多有达 2.5 米的，全部用掺石灰的黄土筑造，逐层夯实。这种灰土墙年代越久越结实，有的圆楼在战火中曾遭大炮轰击也没有损坏，可见它坚实的程度。墙的地下基础用大卵石垒砌，卵石之间

压砌得十分紧密，这样可以防止攻击者挖地道攻进楼内。所有房间都向院里开窗，所以墙外面多不开窗，只在上层开有方形枪孔，作为防卫者射击和抛扔石块之用。整座圆楼大门很少，直径 62 米的承启楼只开有三座大门。每座大门都用石料砌成门框，门扇用厚木料制成，外面还包有铁皮，里面用横、竖两道门栓顶住大门。为了防止用火攻烧门，在门的上方还特别设计了水槽，可以将水放下，在门扇外形成一道水幕，有效地防止了火攻。楼内挖有水井，专门储存有粮食，这些都是为了适应长期战乱的形势而设置的。这种在特殊形势下产生的民居，如今成了中外闻名的住宅奇观了。

最大皇帝陵：清东陵

清代皇陵分两大部分，一是关外陵，即永陵、福陵、昭陵，称"盛京三陵"，还有东京陵，合称"关外四陵"。二是关内陵，又分东陵和西陵。

清东陵位于今河北省遵化县西北部马兰峪的昌瑞山，离北京约 125 公里。这里有清顺治的孝陵、康熙的景陵、乾隆的裕陵、咸丰的定陵、同治的惠陵以及慈安太后（东太后）、慈禧太后（西太后）等陵墓，还有五座妃园寝、一座公主陵。清东陵是我国仅存规模最宏大，体系最完整的古代帝王后妃陵墓群，其中最大、最辉煌的是乾隆的裕陵和慈禧太后的定东陵。

可惜东陵后来被军阀盗墓，毁坏严重。东陵始建时，康熙皇帝遣礼部满汉尚书各一人和钦天监两人，先行拟定方位，然后由工部司官协理工程。当时设计者叫"样式房"，概算、预算的人叫"算房"。如工匠雷发达任"样式房"，叫他"样式雷"；算房姓刘，叫他"算房刘"。开工前由钦天监择定良辰吉日，并祭天地、山神，十分隆重。

孝陵是东陵的主陵，从陵区最南的石牌坊到孝陵宝顶，在这条长约十里的神道上，排列着大红门、更衣殿、大碑楼、石象生、龙凤门、一孔桥、七孔桥、五孔桥、下马碑、小碑楼、朝房、班房、隆恩门、隆恩殿、琉璃花门、二柱门、明楼、宝顶等。这些建筑由一条宽12米的神道连起来，形成一个整体系列。

大红门是东陵大门，前有牌坊，五间六柱十一楼，上有彩画漆饰，金碧辉煌，十分气派。过大红门，有更衣殿，祭陵时人们在这里要换衣服祭陵，此建筑今已无存。然后是左右排列的十八对石像生，如马、象、麒麟等，还有文臣、武将。裕陵有八对，其他陵五对。非帝陵则不设石像生。神道尽处是大碑楼，建筑重檐飞翘，雄伟壮丽，楼四角设华表。楼正中是圣德神功碑两通，用满汉两种文字铭刻，内容是顺治皇帝的一生功德。

大碑楼后是龙凤门，用彩色琉璃砖瓦为面，拼出龙凤图案，富丽、庄重。在此还有小碑亭、神厨库、三孔桥等。然后是隆恩门，门的东西两侧有茶膳房和果品房，供祭陵时用。另外，还有班房、守护人员用房。隆恩门面阔五间，门内则是隆恩殿，这是举行奠基仪式的地方。殿前月台上，中有铜鼎，两边是铜鹿、铜鹤（今均无存）。殿东西均设配殿，其南为焚帛炉，供祭陵时用。

隆恩殿后是琉璃花门。有三个门洞，均饰彩色琉璃砖瓦。门两旁有宫墙，以示"前朝后寝"，如阳间一样。琉璃花门内是二柱门，门前有台石五供，中有石香炉，炉两边有青石花瓶、蜡烛台等。在这之后是明楼，建筑雄伟高耸，上为重檐歇山顶。楼内竖有石碑，上书庙号陵名，用满汉蒙三种文

字写成。楼下是方城，内为宝城（即墓的所在）。城中即坟墓，叫"宝顶"，又叫"独龙阜"。清代皇帝陵寝制，基本上已完全汉化了。

扩展阅读　帝王陵寝：清西陵

清西陵位于河北易县永宁山下，陵区内有泰陵（雍正）、昌陵（嘉庆）、慕陵（道光）、崇陵（光绪）四座帝陵，后陵三座，妃陵三座，王公、公主园陵四座，共葬76人。

清西陵始建于雍正八年（1730年），陵区周长100余公里，内围墙面积达750亩。各陵的规格遵守封建等级制度。泰陵居于永宁山下中心位置，是西陵的主陵。

前有三座精美高大的石牌坊，一条2.5公里长的神道贯通陵区各部。进入大红门，北侧有具服殿，殿北是圣功神德碑楼，碑楼高30米，重檐歇山顶，四角有汉白玉石华表，满刻云龙浮雕。从此过桥但见石像生排列两侧，形态逼真。

北有小山名蜘蛛山，作为影壁，绕入壁后为龙凤门，门壁上有用琉璃制成的云龙花卉。门北是神道碑亭、神厨库和井亭，过东西朝房，下面是隆恩门，入门隆恩殿为正殿，殿内明柱沥粉贴金包裹，顶部有旋子彩画，梁枋装饰金线大点金，极其金碧辉煌。

殿后有三座门、二柱门、石五供、方城明楼，马道通宝城，城上有宝顶，下为地宫。以泰陵为中心，其余诸陵分列东西两侧，建筑形制除无泰陵的碑楼、石像生等之外，大体相同。

总之，清代皇家所建的礼制建筑，虽体量、规模均不亚于前朝，但在形制上并无变化，除了在装饰上增加了一些藏、蒙、满民族喜用的色彩、题材之外，只能在技术上求细求精了。这些巨大的建筑以及其附属的石雕，精巧有余而气势不足，它们再也没有了那种古代傲视人寰的恢宏，而是成了一件巨大精美的陈设。艺术的精神已让位给了制度的适从。

第四章

凤毛麟角
——清代文化新气象

由于清代中央集权制发展到极致,社会结构不曾形成突破性的变化,传统的思想、学术、风俗、心态趋于成熟,致思、内向、非竞争性的国民性格完全定型,阔大、精巧与空疏、呆滞逐渐衍化成为某种带有普遍性的氛围。于是,清代的文化便具有了不同于以往的特色,它没有创新的冲动,却显示了系统、缜密的风格。它也没有汉唐时代的稚气天真,没有两宋时期的纤秾得体。相比之下,清代的文化显得成熟凝重。

千古奇书《红楼梦》

曹雪芹是满洲正白旗"包衣"。自曾祖起，三代任江宁织造，其祖曹寅在康熙时期曾得到格外的恩宠。雍正初年，在统治阶级内部政治斗争牵连下，曹家受到重大打击，其父免职，产业被抄，曹雪芹也随着迁居北京，革职抄家给曹雪芹的童年留下了很深的印象。在他十六七岁时，曹家彻底败落，包括曹雪芹在内的曹家子弟沦落到社会底层。

曹雪芹最后的十几年流落到北京西郊的一个小山村，生活更加困顿，一家三口过着"食粥赊酒"的日子。也是在这个时候，曹雪芹开始了长达十年时间的《石头记》（即《红楼梦》）的创作。乾隆二十八年（1763年）秋，曹雪芹因爱子夭折而过度悲伤，卧床不起。"孤儿渺漠魂应逐，新妇飘零目岂瞑"。除夕那天，曹雪芹留下一部未完成的《红楼梦》书稿，离开了人世。

旷世奇作《红楼梦》是曹雪芹对世界文学宝库的杰出贡献，这部以个人和家族的历史为背景的长篇小说，以其艺术上的精致完美达到了中国古典小说的巅峰。而通过对它的研究形成的"红学"则是学术界对他贡献的广泛认可。以一本小说形成一门独立的学问，不仅在中国文学史上是独一无二的，在世界文学史上也是罕见的。

《红楼梦》是中国古代四大名著之一，是中国古代小说的巅峰之作。周汝昌有诗曰："中华文化竟如何？四库难知万卷书。孔孟不如曹子妙，莲花有舌泪凝珠。"而鲁迅对该书的评价，则为"单是命意，就因读者的眼光而有种种：经学家看见《易》，道学家看见淫，才子看见缠绵，革命家看见排满，流言家看见宫闱秘事……"并且，"盖叙述皆存真，闻见悉所亲历，正因写实，转成新鲜"。

曹雪芹克服贫困生活的种种艰难，以顽强的毅力写成了惊世之作《红楼梦》。小说共120回，后40回据说是由高鹗增补。

《红楼梦》是中国古代四大名著之一，为长篇章回体小说，成书于清乾隆年间，原名《石头记》，梦觉主人序本正式题为《红楼梦》。小说以荣国府的日常生活为中心，以贾宝玉、林黛玉、薛宝钗的爱情悲剧及大观园中的各类琐事为主线，以金陵贵族名门贾、王、薛、史四大家族由鼎盛走向衰亡的历史为暗线来写。

小说以一块石头说起。女娲炼石补天的一块弃石，经过锻炼成了通灵宝石。一日，道佛二人经过此地时，在宝石的再三央求下，带它去了俗世。世事轮回。当空空道人再次经过那个地方时，见石上刻上了它的经历。他便从头到尾记下，交予曹雪芹批阅、分章。整部《红楼梦》便是这石头所记。它以曲折隐晦的表现手法，凄凉深切的情感格调，强烈高远的思想底蕴，在纷繁交叉的故事中，真实地反映了中国的古代民俗、封建制度、社会图景、建筑金石等社会生活的各个方面，并成功塑造了贾宝玉、林黛玉、薛宝钗、王熙凤等几个经典的人物形象。

小说主人公贾宝玉是个又奇又俗之人。他含玉而生，被视为贾府之宝，深得贾府老太太的宠爱。这个从小生长在女性簇围之间的公子，痛恨八股，鄙视功名，辱骂读书做官之人，懒得与他们结交拜会，俨然一个"逆臣忤子"。他认为"除《四书》外，杜撰的太多了"，抛开"正经书"不看，去看《牡丹亭》《西厢记》一类的杂书。在他眼中，"凡山川日月之精秀，只钟于女儿"，少女身上荡漾的美丽、纯洁的气息，让他爱，让他怜。尤其是他

对林黛玉的爱情，堪称是至真至纯，无法比拟。而又正是这至真至纯的爱情，及对婚姻自由的期盼，让两人在纷繁复杂的环境中走向了悲剧。

林黛玉为金陵十二钗之首，是个自幼丧母，命运多舛，体弱多病，但又美丽聪慧的女子。"两弯似蹙非蹙罥烟眉，一双似泣非泣含露目。态生两靥之愁，娇袭一身之病。泪光点点，娇喘微微。闲静时如名花照水，行动处似弱柳扶风。心较比干多一窍，病如西子胜三分。"通过宝玉之口，一个病弱凄美的"神仙似的"林妹妹便整个儿脱身而出了。她生性敏感而善良，因为寄人篱下，做事处处留意，小心慎微；但又过于敏感，有点小心眼，听不得别人对她的坏话，总是自己生气；她善良爽直，落花葬花，怜人爱人，最后还"大得下人之心"；她聪慧丽质，能吟诗作词，曾在菊花诗会夺魁首，又作葬花一词动人心。而正是这样一个清逸若仙的女子，却遭受了含恨而死的凄凉之极的命运。

贾府中其他的角色，不管是容貌美丽、肌骨莹润、举止娴雅、恪守妇道却又颇具城府的薛宝钗，精明能干却尖酸刻薄、玩弄权术、两面三刀、心狠手辣的"凤辣子"王熙凤，还是有着卓越才干、智慧过人、见解深远的贾探春……他们各人都随着他们所在的社会形势，随着《红楼梦》，走向了各自的命运。

《红楼梦》通过书中各位主人公的命运，通过贾、王、薛、史四大家族的命运，对当时腐朽的封建贵族阶级、害人的封建科举、婚姻、奴婢、等级制度等社会现实，及落后陈腐的统治思想，提出了深刻的批判，展现了穷途末路的封建社会终将走向灭亡的趋势。它是一部具有高度思想性和艺术性的伟大作品。

《红楼梦》颠倒了封建时代的价值观念，把人情感生活的满足放到了最高位置。全书以贾、林、薛、史四人的情感纠葛为中心线索，塑造出成群的有血有肉的个性化人物形象。

《红楼梦》是一部百科全书式的长篇小说，它在描写宝黛爱情的同时，也描写了广阔的社会生活，上至皇妃国公，下至贩夫走卒，都有生动的描画。它对贵族家庭的饮食起居各方面的生活细节都进行了真切细致的描写，比如园林建筑、家具器皿、服饰摆设、车轿排场等等；它还表现了作者对烹调、医药、诗词、小说、绘画、建筑、戏曲等等各种文化艺术的丰富知识和精到见解。《红楼梦》的博大精深在世界文学史上是罕见的。

文言巅峰 《聊斋志异》

《聊斋志异》的作者是清代文学家蒲松龄（1640—1715 年），字留仙，一字剑臣，别号柳泉居士，世称聊斋先生，自称异史氏，淄川城外蒲家庄（现山东省淄博市淄川区洪山镇蒲家庄）人，汉族。出生于一个逐渐败落的中小地主兼商人家庭。19 岁应童子试，接连考取县、府、道三个第一，补博士弟子员。以后屡试不第，直至 71 岁时才成岁贡生。为生活所迫，他除了应同邑人宝应县知县孙蕙之请，为其做幕宾数年之外，主要是在本县西铺村毕际友家做塾师，舌耕笔耘，近 42 年，直至 1709 年方撤帐归家。1715 年正月病逝，享年 76 岁。创作出著名的文言文短篇小说集《聊斋志异》。

《聊斋志异》共 16 卷，计 400 余篇。全书的故事来源很广泛，有的是作者的亲身见闻，有的出自过去的题材，有的采自民间传说，有的为作者自己的虚构。有些故事，虽有模拟的痕迹，但作者在生活经验的基础上，加以丰富的想象，推陈出新，充实了这些故事的内容。

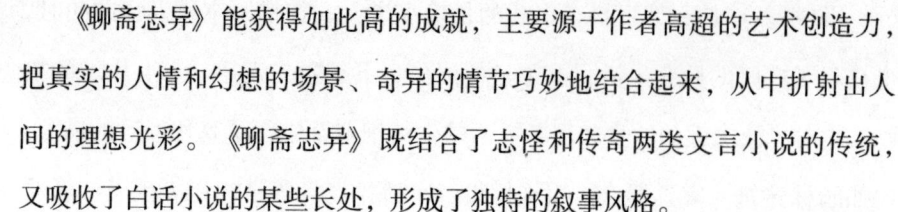

《聊斋志异》能获得如此高的成就，主要源于作者高超的艺术创造力，把真实的人情和幻想的场景、奇异的情节巧妙地结合起来，从中折射出人间的理想光彩。《聊斋志异》既结合了志怪和传奇两类文言小说的传统，又吸收了白话小说的某些长处，形成了独特的叙事风格。

作者能以丰富的想象力建构离奇的情节，同时又善于在这种离奇的情节中进行细致的、富有生活真实感的描绘，塑造生动活泼、人情味浓厚的艺术形象，使人沉浸于小说所虚构的恍惚迷离的场景与气氛中。小说的叙事语言是一种简洁而优雅的文言，小说中人物的对话虽亦以文言为主，但较为浅显，有时还巧妙地融入白话成分，既不破坏总体的语言风格，又在一定程度上克服了通常文言小说的对话难以摹写人物神情的毛病，创造性地继承了六朝志怪小说和唐传奇的优秀传统。

全书构思奇特，刻画细腻，语言简洁，把文言小说推向了不可企及的高度，既深刻而广泛地反映社会现实，又塑造出鲜活的人物，留给世人一个瑰奇幻丽的艺术世界。

对于蒲松龄流传着这样一个故事：在蒲松龄的故乡，淄川新来一位县官，姓乌。他年轻为官，十分骄矜，听说当地名士蒲松龄学问过人，很不服气。

有一次，他邀请一批乡绅叙饮，并要蒲松龄同去。这时蒲松龄已经年老，本不想去，后听说此人颇有才名，心想去见一见也好，他如好来，我也好去，他如有意刁难，我也有办法对付，于是前去赴宴。席上，乌县令乘着酒兴，出了一个上联要蒲松龄对：二人土上坐。蒲松龄知道这联难对，因"坐"字拆开是两个"人"字和一个"土"字，不过难不倒他。当即对了下联道：一月日边明。接着乌县令又出上联：八刀分米粉。这联更难了，"八刀"相拼为分，"分"和"米"再相合是"粉"，下联也势必要相拼相合。众人都望着蒲松龄，看他怎么对法。然而，蒲松龄只略一思索，不紧不慢地答道：千里重金锤。

乌县令听了，也暗暗佩服蒲松龄对得好，但见没难倒他，还不罢休。他说："这次我再出一联，对不出要罚酒三杯。"蒲松龄笑道："如果对出又怎么样呢？"乌县令说："罚我三杯酒。"于是又出上联：笑指深林，一犬眠竹下。蒲松龄应声对道：闲看幽户，孤木立门中。乌县令无奈，只得罚酒三杯。本来事情这样结束，也恰到好处。可偏偏乌县令负气不认输，定要压倒蒲松龄。这时，门外一个麻子佣人踏雪送酒进来，因他脚穿钉鞋，雪上留下一个个圆点，好像麻点。乌县令便不顾身份，即景出一上联：钉鞋踏雪变麻子。蒲松龄听了，很替那个佣人抱不平，心想：你出对难我无妨，去侮辱佣人，实不应该。既然这样，我也要替这佣人出出气了。他抬头看见乌县令年纪轻轻，身穿大狐裘，洋洋得意地自斟自饮，就随口对道：皮袄披身装畜生。蒲松龄下联一出口，满座一阵哄笑，乌县令下不了台，于是恼羞成怒。这时，正巧一只老鼠窜堂而过。乌县令急中生智，忙走到蒲松龄跟前说："蒲老先生，我再出一联给老先生对对。"随后念道：鼠无大小皆称老。蒲松龄一听就知道他不怀好意，心想，你身为县令，既然不知自爱，那我就不能给你留面子。于是他一拱手赔笑道："乌县令，我斗胆对下联了。"这时众乡绅见他们刀来枪去，实在坐不住了，但又不好意思走掉。只见蒲松龄对道：龟有雌雄总姓乌。

至此，乌县令满脸羞惭，无言以答，只好假装酒醉，拂袖退席。

批判之最 《儒林外史》

《儒林外史》是清代作家吴敬梓创作的长篇章回小说，是中国清代杰出的现实主义长篇讽刺小说，它不仅对中国近代谴责小说产生了直接影响，而且对现代讽刺文学也有深刻的启发。鲁迅先生认为它"如集诸碎锦，合为帖子，虽非巨幅，而时见珍异"。

《儒林外史》脱稿后即有手抄本传世，后人评价甚高，鲁迅认为该书思想内容"秉持公心，指摘时弊"，胡适认为其艺术特色堪称"精工提炼"。在国际汉学界，该书更是影响颇大，早有英、法、德、俄、日、西班牙等多种文字传世，并获汉学界盛赞，有认为《儒林外史》足堪跻身于世界文学杰作之林，可与薄伽丘、塞万提斯、巴尔扎克或狄更斯等人的作品相提并论，是对世界文学的卓越贡献。

吴敬梓（1701—1754年），清代小说家。他从小聪颖好学，却厌恶举业；性格豪迈爽直，却不善治理家业。由于他文学创作的天赋，在移家金陵后，成了当时的文坛盟主。吴敬梓花费了整整20年的时间，完成了他的心血之作《儒林外史》，他自己也因此成了中国文学史上批判现实主义的杰出作家之一。

《儒林外史》全书共56回，约40万字，由许多个生动的故事相互衔接而成，这些故事中有近200个人物，都有现实的原型。作品用准确、生动、简练的白话语言，塑造了许多栩栩如生的人物形象。如苦于科举又迂腐不堪的周进、范进，自私贪婪并能在性格上相互涵纳、彼此补充的严监生、严贡生，仗义疏财、豪爽清逸的富家子弟杜少卿等。

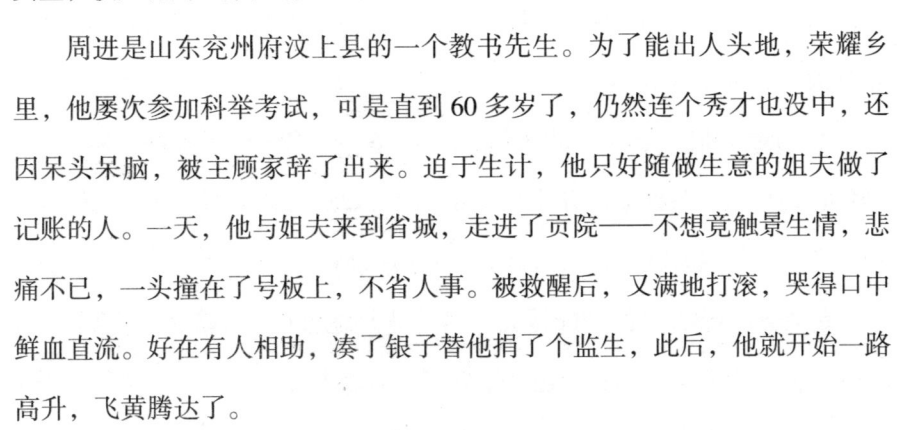

周进是山东兖州府汶上县的一个教书先生。为了能出人头地，荣耀乡里，他屡次参加科举考试，可是直到60多岁了，仍然连个秀才也没中，还因呆头呆脑，被主顾家辞了出来。迫于生计，他只好随做生意的姐夫做了记账的人。一天，他与姐夫来到省城，走进了贡院——不想竟触景生情，悲痛不已，一头撞在了号板上，不省人事。被救醒后，又满地打滚，哭得口中鲜血直流。好在有人相助，凑了银子替他捐了个监生，此后，他就开始一路高升，飞黄腾达了。

范进在中举前有着跟周进相似的境遇，他的中举，也是直接得益于周学道的特殊照顾。当年这个54岁的老童生，中举前在家里倍受冷眼，尤其是他那屠夫老丈人，总是狗眼看人低，对他吆三喝五；他的家境也糟糕得一塌糊涂，举家都在为揭不开锅的生活发愁，就在中举捷报传来前，范进还抱着鸡去集市上，想卖了换米呢。捷报传来，老太太让邻人去找范进，他刚听到这个消息时，还以为是邻居在哄他。当他被邻人拉回家中，亲眼见证自己中举后，竟然"往后一跤跌倒，牙关咬紧，不省人事"。醒来后，他就疯了，直到被那屠夫老丈人扇了耳光，才醒悟过来。

中个举人，却足以使得范进一家时来运转。本来门可罗雀，现在自然是门庭若市了。钱米自然不用发愁，房子也有人提供，连使唤的奴仆、丫环也有了。范进俨然一位老爷了。即便是平日对他毫不客气的屠夫老丈人，也一反常态对他毕恭毕敬起来。而范进的老母亲，则又是由于过度高兴，一口痰堵住了胸口，死了。

中举前后，无论是周进，还是范进，他们的生活都发生了翻天覆地的变化。但到底是科举发现了真人才吗？以范进为例，他虽然凭借八股文章发达了，能熟知四书五经，却连北宋大文豪苏轼都不知道，如此孤陋寡闻，

让人笑掉大牙。

当然科举对社会的毒害不止于此。卖官鬻爵、贪赃枉法、官官相护、横征暴敛，哪样不是由此产生？

"三年清知府，十万雪花银"的进士王惠，上任的头号事件就是询问当地特产是什么，各种案件有什么地方可以融通。而就在朝廷考评他的政绩时，竟被"一致认为"是"江西的第一能员"。

高要县的严监生是个守财奴，他家中米烂粮仓，牛马成行，可在平时连一斤猪肉也舍不得买，临死还惦记灯盏里多点了一根灯草。严监生的哥哥严贡生，则直接是个横行乡里的恶棍。他强圈邻居王小二的猪，还行凶打断了王小二哥哥的腿；他四处讹诈，没有借给别人银子，却硬要人家偿付利息；他把云片糕说成是贵重药物恐吓船家，赖掉几文船钱；在弟弟严监生死后，他又恬不知耻地借着"礼义名分"的"乡绅大礼"，逼着弟媳过继他的二儿子为儿子，图谋夺取严监生一生的家产。

科举制度造就了一批社会蛀虫，同时也毒害着整个社会。原本性情善良敦厚的匡超人，就是一个在科举制这个泥潭中逐渐变黑、变坏的形象。科举制度不仅使人堕落，还是封建礼教的帮凶。年过 60 的徽州府穷秀才王玉辉，虽然屡试不中，却严格恪守礼教纲常。三女婿死后，竟劝亲家让女儿殉节。女儿因守孝绝食而死，他仰天大笑说："死得好！死得好！"但事过之后，他又真正发现了自己的良心——女儿的死其实让他无比伤心。但即便他最后因伤心而曾滚滚泪下，他又是否意识到了那万恶的封建礼教对人的毒害呢？

凡此种种，科举制度的积弊已是很深。儒林堕落，社会腐败。真正的才子奇人只是未趟上这滩浑水，潜伏在市井之中罢了。作为中国古代讽刺文学的典范，《儒林外史》成功塑造了生活在封建末世和科举制度下的封建文人群像，深刻地批判了吃人的科举、万恶的礼教和腐败的社会，是一部讽刺性极强的现实主义杰作。

文化饕餮《四库全书》

《四库全书》是乾隆皇帝亲自组织的中国历史上一部规模最大的丛书。由总纂官纪昀（晓岚）穷尽毕生精力，率三百六十位一流学士编纂完成，该书成书于公元1782年3月12日，主要包括经、史、子、集四部，有3461种书目，79039卷，总字数将近10亿，可谓超级文化大典。《四库全书》成书后，先编写了四个抄本，分藏于文源阁、文渊阁、文津阁、文溯阁（即"内廷四阁"或称"北四阁"）。

乾隆五十三年（1788年），又续抄三部，分贮于文汇阁、文宗阁、文澜阁（即"浙江三阁"或称"南三阁"）。这七部抄本，深藏于秘府，普通世人很难看到，之后又经战乱，屡遭焚毁，文源阁、文宗阁、文汇阁藏本已不复存世，文溯阁本曾遭日本侵略军的抢掠，文澜阁也一度散失，文渊阁本则于20世纪40年代末被运到台湾收藏，这就使得幸存的《四库全书》弥足珍贵。《四库全书》是我国现存最大的一部官修丛书，是清乾隆皇帝诏谕编修的我国乃至世界最大的文化工程，它相当于同时期法国狄德罗主编《百科全书》的44倍，清乾隆以前的中国重要典籍，许多都收载其中。由于编纂人员都是当时的著名学者，因而代表了当时学术的最高水平。

纪昀，字晓岚，一字春帆，自号石云，又署名观弈道人，直隶献县（今

属河北）人。生于 1724 年，卒于 1805 年，在世 81 年。他历经了清朝雍、乾、嘉三个朝代，生活在清朝的上升时期。少年纪昀，有独特之处。传说他四五岁时，夜中能够见物，七八岁时渐渐昏暗，十来岁时就渐渐看不见了，有时半夜还能看见一点，不过，一会儿就没有了。这说明，纪晓岚少年时代也许还有一些特异功能。

相比于中国古代很多文学家，纪昀可算是命运最好的一个。他一辈子官运亨通，事事如意，有的时候竟然有如天护神佑。他是乾隆皇帝最喜爱的大臣之一，常常能得到皇帝的庇护。他 23 岁的时候，就中了当年第一名举人。这次考试，原准备另一名考生朱珪得卷首的。可是，当副主考官左都御史刘统勋看到纪昀的试卷后，认为他"佳语冠场"，于是把他定为第一，并把试卷呈给乾隆皇帝看。乾隆看过之后，也赞扬他是"公少年英特……褒然榜元（一榜之首）"。于是，把他定为第一，而把朱珪定为第六了。

纪昀 31 岁的时候，考取了进士。这以后，他就在官宦仕途上一路畅通，直到 82 岁去世。他除了短时期的外放之外，其余几乎全部都在京城任职。23 岁的中举，为他的仕途铺筑了一条通天的大道。关于他的官职，《清史·列传》是这样记载的：他"乾隆十二年第一名举人。十九年，成进士，改庶吉士。二十二年，散馆，授编修。荐擢詹事府左春坊左庶子，充日讲起居注官。昀官编修，于二十六年京察一等，记名以道府用。"纪昀成了庶吉士之后，被授予了翰林院编修。在这个职位上，他创造了生命中的辉煌，那就是《四库全书》的编修。

这件事情开始于乾隆三十八年（1773 年）二月。当时皇帝命儒臣校核明代的《永乐大典》，下诏搜寻散落在民间的遗书，开设《四库全书》馆，选翰林院的官员专门纂辑。这时，大学士刘统勋因为纪昀的名声而举荐他充当纂修官，于是纪昀就干起了这件名垂千古的事业。

不久，皇帝又接到奏折说，"卷帙浩博。必须斟酌综核，方免挂漏参差"，因而又举荐纪昀"为总办，搜辑《大典》中逸篇坠简，及海内秘笈万余部，厘其应刊、应钞、应存者，依经史子集部分类聚，撮其大凡，列成总目，为《提要》二百卷"。这就是说，纪昀不仅要编纂《四库全书》，还要给这些书写出内容提要。这些提要总汇一起就有二百卷之多。

到乾隆三十九年七月，皇帝又因为"《总目提要》卷帙浩繁，"因此，又命纪昀辑出《简明书目》一编。就是说，又要从那么浩繁的书海中，衡量、筛选出更为重要的辑成一编。这时，皇帝又向天下征求遗书（遗落在民间的书籍），要求凡是中外所献的图书，选择其中的珍本，制作成诗放在卷首。而在这一项目中，纪昀就进书上百本。这就是说，在这件浩大的文献整理工程中，纪昀不仅校核了明代的《永乐大典》，而且写出《提要》，又将所辑的书籍，写出《简明书目》，最

纪昀像

后搜集天下遗书，制诗置于卷首。这项巨大的工程，对中国古代文献的整理，对中国古代文化的继承、发扬具有不可估量的重大价值。

这个巨大的工程完成之后，纪昀受到了极大的嘉奖，他的仕途因此而更加畅通辉煌。乾隆四十一年他被擢升为侍读学士，九月充任日讲起居注官；乾隆四十三年擢升詹事府詹事，四月，擢升内阁学士，兼礼部侍郎；乾隆四十七年擢兵部侍郎；之后历任都院左都御史、礼部尚书、兵部尚书、高宗纯皇帝实录馆副总裁、协办大学士、太子太保及管国子监事宜等职。翰林院的工作，主要就是编修国史，写起居注，向皇帝进讲经书，起草册立、封诰、祭文、碑文等文章。看来都是些文字工作，但所写的东西重要，而且

接近皇帝，才能容易被发现，容易升迁，所以纪昀的地位显赫，有人人企羡的荣耀头衔。翰林官可以进入内阁充任尚书，尚书是六部的长官，所以说，纪昀一生，可谓是荣耀一生。

批判怪杰：金圣叹

清代顺治年间，中国出现了一个文学评论家，他对中国的所谓六大名著进行了品评。他所品评的这六大名著，也包括有名的《水浒传》。他将它的 120 回故事，拦腰砍去了将近一半，剩下了 70 回，这件事情在中国文学史上叫作"腰斩《水浒》"。他的这一行为，还遭到了严厉的批判，说是他砍掉了小说的招安情节，就是掩盖宋江投降的面目。这位几百年后又受到后人批判的倒霉的评论家，就是金圣叹。

金圣叹是吴郡（江苏长洲）人，《中国大百科全书·中国文学 I 卷》说他生于明神宗万历三十六年（1608 年），卒于清世祖顺治十八年（1661 年）。

金圣叹其实不姓金，也不叫圣叹，他实际姓张，名采。为什么放着祖宗的姓氏不用而改为"金"呢？这和他的一次科举考试有关。

清代是我国思想文化发生大变化的时期。到金圣叹所生活的时代，人们的思想受世界资本主义潮流的影响，民主的观念有了一些萌芽。金圣叹可以说得风气之先，是这种观念的一个拥护者。他少年有才，性情放诞，写的文章也很异样，属于那个时代的"另类"。但是清代到底还是个封建专制的时代，他的这种思想是不会得到社会的认同的。因此，当他参加当时科举考试的时候，写出思想怪诞的文章，就被废黜了，于是他名落孙山。到第二年考试的时候，他想，如果再署张采的名字，恐怕就难以被录取了，于是，他改了一个名字——金人瑞，用这个名字参加童子试，结果这次考试，他被一位很有名望的前辈看中了，把他的文章提到了第一位，结果高中了，他获得了儒生的名声。这也就是他为什么姓张又改为姓金的原因。

不过，另一种说法是，"金人瑞"是明亡后他改的名字。他还有一个名字叫"喟"，感叹的意思。他字"圣叹"，很神圣的感叹。从这个名和字的意思中，隐约可以看出，他对人世的一种态度。我们似乎可以从这里感受到他的一颗忧愤之心。

他对人生的态度是如此，对文学的态度也是如此。他说，世上有六部才子书，那就是《离骚》《庄子》《史记》《杜诗》《西厢记》和《水浒传》。他准备对这六部著作——加以品评。可惜，在他刚评完《西厢记》和《水浒传》的时候，他就被清王朝杀害了，致使他终身的愿望没能全部实现。这六部才子书中，既有正统的忠君爱国之作、哲学思想著作，又有农民起义之作，还有男女情爱之作。可见金圣叹评文的眼光是很开阔的，思想也是包容的。另外，他也爱品评稗官词曲等文学作品。他所品评的书，当时的读书人，几乎家家都有。他的评论，视角独到，透彻精辟，很受大众欢迎。这些评论，被世人称之为"金批"。

金圣叹的文学成就很高，著作等身。在他罹难之后，他的族人金昌叙将它们辑录成"唱经堂外书""唱经堂内书"和"唱经堂杂篇"。这每一类书又包括很多著作，仅"外书"就包括《第五才子书》《第六才子书》《唐才子书》《必读才子书》《杜诗解》《左传解》《古传解》（二十首），《释小雅》（七首），《孟子解》《欧阳永叔词》（十三首）等，这些著作，部分收入现今的《唱经堂才子书汇编》中。

金圣叹的主要文学成就还在于评论。他运用历史唯物主义的眼光，把

文评和世评结合了起来。比如评《水浒》，他认为，在一个高俅之下，还有一百个高俅及其狐朋狗党，他们结成了祸国殃民的势力。梁山的一百单八个好汉，是不得已上了梁山，梁山英雄的造反，是"乱自上作"。他又认为，天下无道，庶人才敢议，"从来庶人之议皆史也（一般老百姓的议论都是历史）"。在文学评论中，他也能够大胆地揭露礼教对人的摧残，如在《西厢记》的评论中，他虽然也宣扬一些儒家的道德规范，但又对崔莺莺和张生的叛逆行为予以赞美。不过，由于时代的局限，金圣叹的文评中还存在一些矛盾的观点，如他一方面肯定梁山英雄行为是不得已而为之，另一方面，他又斥责他们的犯上作乱。

金圣叹还为后人文评开辟了一条道路。一方面，他在文学批评中探索文学的创作规律，把人物的塑造放到创作的首要位置，主张写出人物的多面性和复杂性，又保持人物的完整性和统一性。这完全可以从他对《水浒传》中一些主要人物形象的分析中看出。另一方面，他肯定人物塑造中的语言个性化的重要性，主张"一样人，便还他一样说话"。当然，他也很注重故事情节。他认为，情节要出人意料，又要合乎情理……这些见解，即使今天，也是很有教益的。

旷世奇才：龚自珍

龚自珍是清代有名的文学家、思想家。他的散文《病梅馆记》、诗作《己亥杂诗》等在中国文学史和思想史上都享有盛名。他名自珍，更名巩祚、易简，字尔玉、伯定，又字璱人，号定庵，又号羽琌山人，浙江仁和（今杭州）人，生于乾隆五十七年（1792年），卒于道光二十一年（1841年）。因他主要生活在1840年之前，所以他所处的正是清朝由盛到衰的时期。

龚自珍出生在一个仕宦兼学者的家庭。他的祖父当过内阁中书军机处行走，父亲任过江南苏松太兵备道等职务，外祖父是清代著名的训诂学家、经学家段玉裁。母亲受过良好的教育。龚自珍的这些最亲近的家人都有著作问世或行世。祖父有《吟朧山房诗》，父亲有《国语注补》等多种，母亲有《绿华吟榭诗草》，外祖父段玉裁的著作就更多了。

龚自珍的启蒙老师应当说是他的母亲。他从小受母亲的良好教育，好读书，而且兴趣广泛，志向远大。他8岁读《登科录》就有志于研究科名掌故的学问，12岁跟随外祖父段玉裁学《说文》，就有志于以经说字、以字说经的学问。14岁时，他考察古今官制，又有志于研究当时官制损益的学问，16岁读《四库提要》，又准备研究目录的学问。17岁，他看见石鼓，又有志于研究金石之学。从这些立志来看，龚自珍所希望从事的都是一些实际的、具体的、于社会人生有益的学问。这和他成年之后所提倡的经世之文同出

093

一辄,也可以说他从小就有经世济世之志。事实也正是如此。龚自珍一生著作丰富,他的著作都和社会人生有着各种联系。龚自珍的文章,被后人命为"经世之文",和那些脱离现实的书斋之谈有天壤之别。

可能也正因为如此,龚自珍的科举并不成功。因为当时的科举考试,完全是脱离现实的,龚自珍不屑于作此空谈,所以,他的科考成绩不理想。19岁时他开始参加科举考试。首先参加乡试,即每三年在省城举行的一种考试,主要内容是考"四书""五经"、八股文和策问。这些考试的内容中,只有"策问"还联系一点实际,其余都是从书本到书本的空谈。这种考试的中试者是举人。可是,他没有中举。到1818年,他应浙江乡试,才中了个举人。但是第二年的京城会试,他又落榜了。直到28岁才开始进入仕途。

道光十二年,中国发生大旱,皇帝下诏征求直言。大学士富俊走访龚自珍,向他征求意见,龚自珍向他提出了八条有关急务的重要建议,这些建议表明了他的见地,这样,他得以进入内阁,当了一名内阁中书。"中书"是内阁中较为低等的官职,在清代的官级中定为"从七品",跟县官的级别差不多。他们的任务主要是办理奏章的翻译,为皇帝草拟命令等。在此任上,龚自珍曾上书给大学士,请求准许到阁中看书,充当一名史馆校对。"阁"是体仁阁、文渊阁、东阁,是朝廷的藏书处。到了史馆,他又上书给总裁,论述西北塞外部源流、山川形势,订正《一统志》的疏漏。

由于科举的失败和职务的不遂心意,这时,他逐渐认识到社会政治的腐败,产生了改革政治的要求。他重新学习了历史,特别向当时的著名学者刘逢禄学习《公羊传》,写了一些具有新思想的论文。他还写了一部名为《伫泣亭文》的文集。当时的"关中尊宿"王芑孙看了后说:"诗中伤时之语、骂坐之言,涉目皆是。"可见,龚自珍对时事,已经是非常痛恶了。这年，他开始戒诗。中国文学以诗为正宗，一个文学家，为什么要戒诗？其实不难理解，具有经世济世抱负的龚自珍，认为写一些经世致用之文在当时更有价值。他不仅戒了诗，还焚了文，将自己耗尽华年心力的二千来篇八股文付之一炬，以表示对八股文的痛恨。

此后，他又参加了五次会试，都落榜了，直到他38岁时，才终于成为进士。不过，他的职务仍然是内阁中书。直到43岁，他才调迁宗人府，担任主事的职务。宗人府是管理皇室宗族事务的机构，负责处理宗室的谱牒、爵禄、教戒、赏罚、祭祀等。龚自珍在这里主要管理典籍，级别为正六品。也是在这里，他得以充任《玉牒》馆纂修官。后来他调迁礼部主事祠祭司行走。到了礼部之后，他又上书论述四司政体。两年后，又补主客司主事。"主事"一类官职，地位低下，完全不是胸怀大志的龚自珍所向往的，于是48岁时，他就毅然辞去了职务，回归故里。不幸的是，两年之后，他猝死于丹阳的云阳书院。

龚自珍的学术成就很高。《清史·列传》中说当时以奇才名天下者，一是魏源，一是自珍。《清代轶闻》中也说"晚清文人，龚定庵最负重望"。他"生平治学颇博杂"，取得了多方面的成就。他的著作具有前瞻性和实用性，除了写文学著作之外，他还精于西北舆地之学，写过《西域置行省议》《东南罢番舶议》等与地理、贸易和行政有关的著作。他还撰写了《蒙古图志》的十分之五六。这一切，都是从当时或后世的需要出发的。他的史学、哲学、政治论著如《古史钩沉论》《乙丙之际箸议》《平均篇》《农宗篇》等，都具有这种性质。龚自珍的文学成就更是世人瞩目，蜚声史册，如《病梅馆记》《己亥杂诗》《己亥六月重过扬州记》《捕蛙》等。

知识链接

娄东诗派：吴伟业

吴伟业（1609—1672年），字骏公，号梅村，太仓（现在属江苏）人。明末清初著名诗人，与钱谦益、龚鼎孳并称"江左三大家"，又为娄东诗派开创者。长于七言歌行，初学"长庆体"，后自成新吟，后人称之为"梅村体"。和钱谦益不同的是，吴伟业没有很强烈的用世之心，入清以后也不再参与政治性的活动。但为了保全家族，他又不得不出仕清朝；仕清以后，则感受到传统"名节"观念的沉重负担，自悔愧负平生之志，心情十分痛苦。

扬州怪才：郑板桥

郑板桥，江苏兴化人，生于1693年，卒于1765年，是中国历史上一位特立独行的文学家，他身栖诗、书、画三艺，具有诗、书、画三绝的美称，又被人们称为"扬州八怪"之一。他名燮，字克柔，号板桥，自称板桥道人，人们爱称他郑板桥。

郑板桥出身于一个世代书香家庭，有很好的家传。祖父郑湜，是一位朝廷命官，父亲郑之本，虽然没有做官，但为人正直，写得一手好文章，在家设馆授徒。郑板桥的母亲端丽聪慧，通晓诗文。外祖父有深厚的文学修养，性格豪爽雅逸，只是不愿做官，隐居在家。

郑板桥少年好学，人又聪明，加上兴趣广泛，因此见识多广。他不仅喜爱文学，还爱好绘画，又学过填词，文学艺术，他都有所涉猎。他好读书，读书有"三自"精神，即"自刻苦，自激奋，自坚立"。他又"不苟同俗，深自屈曲委蛇，由浅入深，由卑及高，由迩（近）达远，以赴古人之奥区（深奥的地方），以自畅（尽情）其性情才力之所不尽"。这"三自"的学风，为他的安身立命打下了雄厚的基础。他读书，有独特的方法和刻苦之处，"每读一书，必千百遍，舟中、马上、被底，或当食忘匕箸（吃饭时忘了下筷子），或对客不听其语（听不见客人讲话），并自忘其所语（说着说着就忘了自己说什么了），皆记书默诵也"。

他虽然爱好读书，可是他厌恶经学，这又铸成了他与时宜的巨大矛盾。这种不合时宜的结果，使他的科考总不如意，这就决定了他不得入仕。所以在他家道中落之后，他就只得终止学业而开馆收徒，当了一名私塾先生，过起了"半饥半饱清闲客，无枷无锁自在囚"的生活。

这种生活，从他26岁左右开始一直到他48岁被举荐范县县令为止，前后20多年。这些年的生活状况，可以概括为"清贫"两字。他常常债台高筑，以致"爨下荒凉告绝薪，门前剥啄来催债"。他不得不为躲债而逃到焦山的一座寺庙里借住。他常因"寒无絮绤饥无糜"而使儿女啼饥号寒。

他曾因生活的拮据而接受过人家的资助，也曾因生活的清贫而心灰意懒，放浪形骸，"乞食山僧庙，缝衣歌妓家"。幸亏他爱好学习，涉猎广泛，有天生的艺术才能，在十分艰难之中，他以卖画来养家糊口。他对第一次扬州卖画有这样的记叙："学诗不成，去而学写，学写不成，去而学画。日卖百钱，以代耕稼。实救贫困，托名风雅。免谒（拜见）当途（执掌大权的人），乞求官舍。座有清风，门无车马。"他还说："十载扬州作画师，长将赭墨代胭脂。写来竹柏无颜色，卖与东风不合时。"

郑板桥虽然厌恶经学，但是他热衷功名。这种矛盾长久不得解决，直

到他 40 岁的时候在南京的一次乡试中考中了举人。但是，这也没有给他的生活带来什么变化，他仍没得到一官半职。这样，又过了几年，到他 43 岁的时候，他中了进士。中了进士，也得不到官职。一混又是三四年，到 1740 年，他结识了乾隆皇帝的亲叔叔慎郡王允禧。在慎郡王的举荐下，1741 年，郑板桥才得了一个山东范县县令的职位。

这样就开始了他 12 年的仕宦生涯。但是，仕途险恶，他的性格又不合时宜，最终，他在 61 岁的时候被削职为民了。于是，他回到了扬州，又过起了卖画生涯。这一过又是十多年，直到 1765 年去世。郑板桥以"怪"著称于世，直到今天，"扬州八怪"的帽子仍然戴在他的头上，成为他头顶上一道特殊的光环。

扩展阅读　刘墉戏和珅

刘墉（1719—1804 年），字崇如，号石庵，山东诸城人。乾隆十六年考中进士，任翰林院编修。官至体仁阁大学士。清代著名书法家，与翁方纲、梁同书、王文治并称"清四大家"，有《石庵诗集》传世。他是乾隆最宠信的汉族官员刘统勋的儿子，继承了父亲忠正廉明、刚直不阿的优良品德。刘墉在朝为官的二十四年中，正是和珅在朝中专权之时。虽然碍于乾隆，刘墉无法与和珅发生正面冲突，而不得不以"太平卿相"的面貌出现，但刚正不阿的他又岂能容忍和珅如此张狂。于是，他便在暗中与和珅较劲，旁敲侧击，借以挫和珅的威风。刘墉天生聪明，又极善辩，所以大多数回合都是以刘墉胜出，和珅当众难堪、吃哑巴亏而告终。

每逢大年初一，和珅必定会去皇宫为乾隆拜年。这天，刘墉披了一件沾满油渍的破烂衣服，让人在自家门口倒了水，等在门边。等到和珅的轿子路过门口之时，他忙迎上前去，请和珅下轿到府中一坐，无奈，和珅只得下轿。谁知刘墉一见他下轿，便跪倒在地上，五体投地，按大清礼节，同级官员必须以礼相待。和珅自然不敢违律，于是便极不情愿地跪下回礼。起来时，他为拜见皇上而特意穿的玄绣袄、貂织狐裙已染上一片污渍了。受此捉弄，和珅又气又恨，跑到乾隆面前哭诉。哪知乾隆一笑了之，令和珅无可奈何。

乾隆丙戌年，天下大旱，尤以山东、直隶两省受灾程度最重。到了冬天，这两省更是哀鸿遍野，令人惨不忍睹。无奈当时国库吃紧，朝廷无法全力赈济灾民，于是刘墉与纪晓岚便想出了请京城首富和珅入瓮，向和珅募集赈灾银两的计策。商定具体方案之后，二人便依计行事。

几天后，和珅便得到了刘府向山东老家偷运20万两白银，无偿给灾民的消息。这一消息顿时令和珅精神抖擞，以为扳倒刘墉的机会来到了，于是便纠集家丁，拦截了刘府的驮队。和珅实指望赃物在手，告刘墉一个贪赃枉法罪，不曾想追到的却是一箱鹅卵石，中了刘墉的计，反被刘墉以和珅置山东十万灾民死活于不顾、私自拦截灾银的罪名告上了朝廷。

在乾隆帝面前，刘墉和和珅互不相让，他们一个说箱中确实是白银20万两，另一个则连呼中计，一口咬定箱中装的是石头，根本不是什么白银，令乾隆难下定论。可是朝中大臣纷纷作证，说亲眼看到20万两赈灾银两装箱起运，为保护和珅，乾隆帝只好顺水推舟，令和珅速速回府，点出40万两白银，交给刘墉运往灾区，以赈济灾民。

因此次巧施妙计，刘墉不但为灾区募化了四十万两赈灾银，救济了挣

扎在死亡线上的百姓，而且他不惧权势，敢在老虎嘴里拔牙的举动更是赢得了满朝文武的钦佩和百姓的称赞。而这件事情，也被传为佳话。和珅这一次是赔了夫人又折兵，哑巴吃黄连，有苦说不出，虽恨刘墉入骨，但却始终处于下风，对刘墉无可奈何。

乾隆四十六年，刘墉从湖南巡抚任上回京，与和珅同在朝中为官。传说当时，和珅仗着有乾隆撑腰，在朝中作威作福，飞扬跋扈。为了保住头上的乌纱帽，大臣们纷纷趋附于和珅。但刘墉、董浩、纪昀、铁保等大臣始终坚持正义，不肯向和珅屈服。这自然引起和珅憎恨，于是和珅千方百计地为难这些大臣。

乾隆帝想让刘墉做吏部侍郎。因为吏部负责铨选考核天下官吏，极其重要，而刘墉又不为和珅所用，任吏部侍郎后必然对他有所牵绊，于是和珅便以刘墉个子矮小、面貌丑陋、背部有"驼峰"，有碍国体为由，试图使乾隆帝打消任刘墉为吏部侍郎的念头。但刘墉立刻以东晋陶渊明为例进行反驳。他说："和大人说的不对，古代就有眼斜貌丑的人在朝为官，而且为官清正廉明、流芳百世的。有五柳先生陶渊明，至于陶渊明究竟是否眼斜貌丑，可以从'采菊东篱下，悠然见南山'这句诗句中得出结论。试问，若非眼斜，陶渊明又如何能在东篱采菊却望见南山呢？"一席话，引得在场众人捧腹大笑，连乾隆帝也夸赞他才思敏捷。但和珅却进一步刁难刘墉，要他在金銮殿上，以"驼背"为题吟诗以证明可以担负起吏部侍郎这一重任。和珅本以为这下可以难住刘墉，谁知刘墉出口成章：

背驼负乾坤，胸高满经纶。

一眼辨忠奸，单腿跳龙门。

丹心扶社稷，涂脑谢皇恩。

以貌取才者，岂是贤德人。

此诗不但解了和珅的难题，而且在诗中隐晦地讽刺了和珅，使和珅搬起石头砸了自己的脚。本想阻止刘墉当吏部侍郎，却使刘墉既得到了皇上的赏识，稳获吏部侍郎一职，又使自己在皇上和众大臣面前丢了脸。

第四章 凤毛麟角——清代文化新气象

第五章

南腔北调
——曲艺"唱响"华夏新文明

以戏曲、曲艺、舞蹈和音乐为标志的表演艺术的各个门类,在清代都有了长足的发展。其中戏曲艺术迎来了自身发展历史的又一个高峰,曲艺中新生的曲种大量涌现,舞蹈和音乐在继承优秀传统的基础上也取得了新的成就。

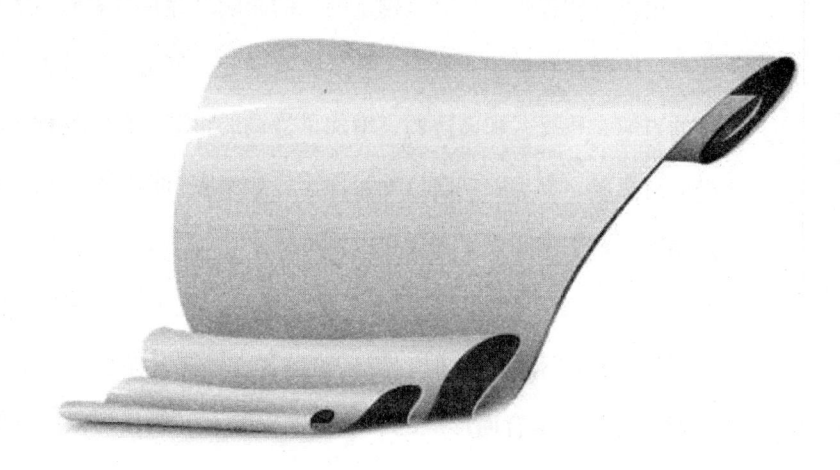

国粹——京剧的诞生

清乾隆五十五年（1790年），皇帝弘历八十大寿，举国庆贺。各地官员都在庆典的策划上，想方设法讨皇上的欢心。时任闽浙总督的爱新觉罗·伍拉纳命"承办皇会"的浙江盐务，把在杭州演出的徽调"三庆班"送到北京祝寿。谁知这一地方腔调，一登上京城的舞台，便得到了北京从上流社会到下层百姓的高度赞赏，从此扎下根来。徽调为什么能快建在京城扎根，究其原因有以下几点：

首先徽调是指吹腔、高拨子及其演变出来的二黄调，是产生于安徽安庆地区的一个声腔剧种，在形成过程中，受到过秦腔（梆子腔）、弋阳腔、昆腔与青阳腔的影响。因此，它的腔调较杂，有昆腔、秦腔（梆子腔）、弋阳、二黄与时尚小调等成分。

由于徽调曾受过秦腔（梆子腔）的影响，存在着秦腔（梆子腔）的乐调成分，因而，它到了北京后，继续吸收秦腔（梆子腔）的乐音就不是一件困难的事情，相反，和谐协调，增加了徽调的审美价值。这种吸收的主要途径是通过秦腔（梆子腔）演员加盟徽班，如秦腔（梆子腔）名角魏长生的高足刘朗玉，嘉庆年间成了三庆班的台柱。

徽调发展成京剧的关键还不是与秦腔（梆子腔）的结合，而是汉调艺人于道光年间来京演出时，与它的融合。京剧开始称为皮黄腔，是西皮与二黄两种腔调结合而形成的一种新的声腔。一般认为，西皮腔虽然兴起于湖北，但其根子却是秦腔（梆子腔）。秦腔（梆子腔）传到湖北襄阳一带，经湖北艺人的丰富加工而成了话皮腔。二黄本是徽调的主要腔调，它经过长江到达湖北的黄冈黄陂地区，演变为具有当地特色的二黄。后来，襄阳一带的西皮与黄冈黄陂地区的二黄在武汉聚合成一体，于是形成了皮簧腔，被人们称为汉调，又叫楚调。

嘉庆十七年（1812年），汉调演员米应先来京参加徽班春台班。到了道光年间，又有汉调演员王洪贵和李六、余三胜进京，加入春台班演出。徽班音乐中本来就有秦腔（梆子腔）成分，汉调二黄又来自于安徽的二黄，因此，徽班很容易容纳汉调的唱腔，徽调演员也会轻易地学上西皮二黄。

湖北皮簧调与徽班的二黄调等结合以后，经过一段时间的发展，面貌开始变化。首先改变了以往的以旦角为主的剧目，而以老生为主，且唱做并重，所演的剧目有《文昭关》《让成都》《法门寺》《草船借箭》《四郎探母》《定军山》《捉放曹》《碰碑》《琼林宴》《打金砖》《战樊城》《打渔杀家》等。

这一时期出现了名重一时的程长庚、张二奎、余三胜三个杰出的老生演员，人称"老生三鼎甲"。三人之中，余以曲调优美取胜，张以直率奔放而独树一帜，程则以声情并茂受到观众的欢迎。由于三人籍贯各异，在唱念上各带乡音，因而形成了徽（程）、京（张）、汉（余）三大流派。这三位演员在改革皮黄戏，以及由皮黄戏过渡到京剧的过程中，都发挥了重要作用。

其次，在语音上，摸索出了一套音韵规范，以适应北京地区观众的听觉习惯。其语音吸取了京腔、昆剧、汉调的发音优点，又具有一种表演的特性，形成了一种特别的戏曲舞台的宾白语调，被称之为中州韵、湖广音。

再次，形成了一整套角色行当的发音方式，如老生、老旦用本嗓，旦角、花脸用假嗓，同为本嗓与假嗓，又具有各不相同的发声方法。同时还探索出男女同声不同调的唱法，如生旦同声歌唱，音高相差四度，然而听起

来相当协调，这是因为采用了较好的发声方法所致。

第四，在乐器上，最终定以胡琴伴奏托腔。胡琴比起笛子托腔更为灵活，使唱腔、过门、板眼在旋律和节奏上都摆脱了一定的约束，加强了指法的灵活性及声腔的表现力。经过一段时间的磨合后，两种声腔达到了水乳交融的地步，产生了一个新的剧种——皮黄腔。

随后由于京城社会的相对安定和统治者对皮黄剧的爱好，北京的演剧活动日益频繁，涌现了以谭鑫培、王瑶卿为代表的一大批著名演员。此后皮黄腔逐步从北京辐射全国，成为我国观众最多、流行区域最广、影响最大的戏曲剧种。

清末至民国年间，随着优秀演员的大量涌现，京剧呈现出流派纷呈的繁盛局面，京剧也由成熟期发展到鼎盛期。

知识链接

京剧脸谱

我国戏剧中的脸谱，早在几百年前就出现了。在十二三世纪，宋杂剧金院本的演出中，就已经创造出以面部中心有一小块白斑为显著特点的丑角脸谱。到十七八世纪，净角已能扮演很多不同性格的正、反面形象，化装艺术也开始多样化了。京剧是在十九世纪初期形成的，它的勾脸艺术又有了进一步提高。

五彩缤纷的京剧脸谱这种造型艺术，不是一般的面谱，更不同于面具，这是我国特有的一种独具风格的艺术形式。它同京剧的唱腔、音乐、舞蹈、服装的艺术造诣一样是很精湛的。脸谱体现人物性格、特征，不能千人一面，一个模样。京剧脸谱多达几百种，每个脸谱都有一种主色，以构成人物的基本色调，如红色表示忠勇、正义；黑色表示刚直、果敢；白色表示多谋、狡诈；黄色表示勇猛、残暴；蓝色表示坚毅、勇敢等。这种主色也是自然肤色的艺术描绘，主要夸张眉、眼、嘴、鼻和脑门五个部位。构图式样分整脸、三块瓦脸、六分脸、碎花脸等多种。谱式以不同人物的形貌特征为依据，即使同一谱式，不同人物，各部位的线条色画和色彩处理也不同。演员脸形不同，勾画也不一样。

京剧脸谱不仅具有强烈的民族艺术特点，还能表达广大人民的感情和爱憎，辨忠奸，分善恶，寓意褒贬。如李逵的脸谱要整脸，不要碎脸，才能完整体现出他特有的既善良正直，又带粗鲁的性格；张飞是蝴蝶谱大花脸的形象，表现豪爽通达的性格；楚霸王是寿字眉，鱼眼改宽，通天眉一直拉下来，象征英勇无敌，不可一世，又有垂丧感。

洪昇与《长生殿》

洪昇，字昉思，号稗畦，又号稗村、南屏樵者。浙江钱塘（今杭州）人。生于顺治二年（1645年），卒于康熙四十三年（1704年），享年60岁。

《长生殿》既给洪昇带来巨大声誉，也给他带来一场灾难。就在这部作品问世的第二年（1689年），给事中黄六鸿以在孝懿皇后病逝的"国恤"忌日演戏为"大不敬"的罪名上本，引发了"国服未除""非时演唱"《长生殿》案。

康熙帝下旨，着刑部逮洪昇入狱，后又从轻发落，洪昇被国子监除名。事后不久，洪昇便在"揶揄顿遭白眼斥，狼狈仍走西湖湄"的境况下，离开北京回到杭州。受此打击后，洪昇对功名之事心灰意冷，只能寄情于山水

以求精神的解脱。

　　回到家乡后，不但热情的民众欢迎这位大戏剧家，达官贵人也对他另眼相看。他每次出游，公卿士大夫都争先延揽，虚席以待。康熙四十三年（1704年），洪昇受江南提督张云翼之邀前往松江观看《长生殿》的演出盛况，江宁织造曹寅接着又把他请到江宁，并遍邀南北名士，隆重搬演《长生殿》，历时三昼夜。洪昇在归途中思绪起伏，心情无法平静，发狂般饮酒。6月1日，船行至乌镇，骤起大风，船家只得泊舟苕水岸边，请洪昇上岸暂憩。晚上风势渐小，洪昇醉酒登舟，不幸踏空落水而死。这位清代大戏剧家和著名诗人，就这样结束了他的一生。

　　《长生殿》是洪昇呕心沥血的一部力作，"盖经十余年，三易稿而始成"。《长生殿》既不是单一的爱情主题，也不是单一的政治主题，它是一部思想内容比较丰富和复杂的作品。就总体而言，剧中对李隆基和杨玉环的爱情描写占了主要篇幅。但作者并不想把《长生殿》写成一部单纯的爱情悲剧，他还通过李、杨的爱情悲剧寄寓了自己对封建统治阶级"乐极哀来"历史教训的深刻思考。

　　此外，剧中也表达了作者歌颂忠义，抨击权奸，同情人民疾苦，缅怀故国河山等多方面的思想感情。所以，对《长生殿》的主题基本上可做如下概括：作者以李隆基和杨玉环的爱情故事为主线，讲述了唐王朝由盛而衰的历史。在描写李、杨的生死情缘时，寄寓了作者自己生死不渝的爱情理想。与此同时，作者又将李、杨的爱情与"安史之乱"联系起来，从而寄寓了劝惩思想。

　　洪昇所塑造的李隆基和杨玉环形象，与作为历史人物的李隆基和杨玉环已经发生了很大变化，作者在这两个人物身上注入了很多新的东西。

　　其一，《长生殿》中的李杨爱情较此前戏剧作品中的爱情描写有了新的发展。在《西厢记》中，人们看到的是崔莺莺与张生如何克服封建礼教的思想束缚，终于在矛盾斗争中勇敢地向爱情的道路上前进一步。《牡丹亭》描写杜丽娘在重重禁锢之下，还没有进入现实的爱情，就已死于对爱情的渴望，这对揭露封建礼教的吃人本质的批判是很深刻的。《长生殿》中爱情描写的新特点在于，它主要是表现了李隆基和杨玉环是如何排除宫廷爱情中的杂质，由不专向专一的发展。在这过程中，作者十分看重和强调感情的作用，他使观众看到，李杨的感情达到了那样强烈的程度，以至于当事者宁可为了它而舍弃一切乃至生命。这种爱情显然具有了现代爱情的特点。这是清初出现的个性解放思潮在洪昇思想中的反映。

其二，杨玉环形象的塑造体现了作者要求提高妇女地位的思想。在封建社会里，妃子只是帝王的玩物。然而杨玉环却不甘心做玩偶，她不仅要求明皇对她感情专一，还要明皇把他们的爱情从今生延续到来世。特别是杨玉环死后他们在精神世界里的爱恋，这时他们之间的感情既没有强迫，也没有服从，而是心心相印。在洪昇眼里，杨玉环是不能与褒姒、吕后及武则天相提并论的，作者从不认为她是亡国祸水或乱国根芽。

洪昇一反封建传统思想强加给杨玉环的诬蔑不实之辞，借剧中人之口对她的死作出新的评价，唐明皇说她的死是"为国捐躯"和"国殇"；土地公公说她是"生擦擦为国捐躯"；李龟年说她是"一代红颜为君绝，千秋遗恨滴罗巾血"。洪昇在妇女问题上表现出的平等思想，是清初民主主义思想的鲜明反映。

洪昇对李隆基和杨玉环爱情的描写，以及通过这两个形象所表达的生死不渝的爱情理想，反映了人们对扼杀爱情的封建制度的抗议和对美好爱情生活的向往。不但如此，洪昇还上升到人性论的高度，肯定李杨爱情是人的合理情欲，是人本性的表现，是不能被"天理"所抑制和扼杀的。洪昇在《长生殿》中所表现的"言情"思想和对人的合理欲望的充分肯定，既是清初以情反理思想斗争的反映，也具有进步思想意义。

孔尚任与《桃花扇》

孔尚任，字聘之，又字季重，号东塘。自称云亭山人，别署岸堂主人。山东曲阜人，孔子六十四代孙。生于明永历二年，即清顺治五年（1648年），卒于康熙五十七年（1718年）。孔尚任年轻时埋头于曲阜石门山中读书，留心举业。这时他已开始博采旧闻，准备写一部反映南明兴亡的传奇作品。1684年，康熙帝南巡，回京时路过曲阜，前往祭祀孔子。孔尚任被荐举在御前讲经，深得康熙赏识，37岁的孔尚任被任命为国子监博士。

1686年，孔尚任跟随刑部侍郎孙在丰前往淮阳，负责疏浚黄河海口工程，直到1689年才返回北京。在这几年里，他亲身目睹了官场的黑暗，也有机会接触民众的生活，看到他们生活的贫困和疾苦。他将这几年的诗文汇集成《湖海集》，从中可以看到他对下层民众疾苦的深切关心和同情。也正是在这段时间里，孔尚任有机会到南明王朝的根据地扬州和南京等地，寻访和凭吊秦淮河、燕子矶、明故宫和明孝陵等古迹，到扬州登梅花岭，拜谒史可法衣冠冢，也结识了冒辟疆、邓孝威、杜于皇和石涛等明末遗民，还到栖霞山白云庵走访道士张瑶星，既从他们口中亲耳听到不少南明掌故，又搜集到不少前朝的野史逸闻，为后来的《桃花扇》创作准备了大量素材。

1695年，孔尚任迁官户部主事。1699年6月，耗去他十年心血的《桃花扇》终于问世了。《桃花扇》一经问世，便以其内容的丰富性、思想的深刻性和巨大的艺术感染力而引起广泛的社会反响。"王公荐绅，莫不借钞，时有纸贵之誉……长安之演《桃花扇》者，岁无虚日，独寄园一席，最为繁盛。名公巨卿，墨客骚人，骈集者座不容膝……然笙歌靡丽之中，或有掩袂独坐者，则故臣遗老也，灯炮酒阑，唏嘘而散。"就连康熙帝也急于看到这部传奇："己卯秋夕，内侍索《桃花扇》本甚急……午夜进之直邸，遂入内府。"

1700年3月初，孔尚任升任户部广东司员外郎，然而出乎意料的是这月中旬就被谪官。关于罢官的原因，孔尚任自己说是："命薄忽遭文字憎，缄口金人受诽谤。"其意显然是说因"受诽谤"而得祸。又从"《离骚》惹泪余身吉，社鼓敲声老岁华"的诗句得知，孔尚任以《离骚》暗喻《桃花扇》，其实就是告诉世人是《桃花扇》引起的祸端。由于作者在剧中歌颂了史可法等忠臣义士，抨击了卖国求荣的降臣叛将，并流露出强烈的兴亡之感，所以它引起康熙帝和清朝上层统治集团的不满并遭到打击，也就不足为怪了。

孔尚任罢官还乡后，过着"自勾湖上收租簿，人索村间寿母文""岁歉愁观天气象，年衰喜看母形容"的并不富裕的生活。回乡六七年后，因得津门诗人佟蔗村的帮助，《桃花扇》才得以刻板印行。家居期间，孔尚任应山西平阳知府刘棨之邀，前去协助编撰《平阳府志》。他也曾到过大梁和武昌等地游历。康熙五十七年（1718年），这位伟大的戏剧家在曲阜家中病逝，终年71岁。

除《桃花扇》传奇外，孔尚任还有《出山异数记》一卷、《湖海集》十三卷和《享金簿》一卷传世。

《桃花扇》是一部以南明王朝从建立到覆灭为表现内容的历史剧。

1644年，李自成的农民起义军攻占北京，明崇祯帝朱由检在煤山自缢。吴三桂勾结清兵入关，镇压农民起义军。同年五月，以凤阳总督马士英为首的将领在南京拥立福王朱由崧为帝，建年号弘光。当时南明王朝统辖的江南一带还相当完整，也有相当的军事和经济实力；而随着清兵的入关，这时民族矛盾已上升为主要矛盾。人民群众期望着南明君臣励精图治，抗

御清兵，收复失地。然而，弘光帝却不顾大敌当前，沉湎于声色。马士英与阮大铖一群奸党把持朝政，对内重兴党狱，排挤忠良；对外则结欢清兵，以求偏安江左。清兵趁机大举南下，攻陷南京，福王被俘，南明王朝在不到一年的时间里便土崩瓦解。

《桃花扇小引》中记载，孔尚任就是想通过他的《桃花扇》回答明朝"知三百年之基业，隳于何人？败于何事？消于何年？歇于何地？不独令观者感慨涕零，亦可惩创人心，为末世之一救矣"。

《桃花扇》以复社名士侯方域和秦淮名妓李香君的爱情故事为主线，真实而全面地反映南明王朝覆灭的历史过程。无论从作品的立意来看，还是从创作方法的角度来要求，《桃花扇》都堪称一部严肃而又规范的历史剧。

为了达到总结历史教训的目的，作者首先把揭露和批判的锋芒指向那些祸国殃民的乱臣贼子和荒淫无耻的昏君。剧本从复社文人侯朝宗等人与阉党余孽阮大铖的斗争写起，这场斗争实际上是东林党与阉党斗争的继续，但在明末又注入了新的内容。阮大铖虽因附逆而受到惩罚，但贼心不死，他利用拥立新君之机而与马士英相勾结。

马士英与阮大铖窃取了军政大权后，趁机搜刮民财，以满足其贪欲。不但如此，他们还一方面厚颜无耻地以声色之好取悦于弘光帝；一方面则不择手段地排挤和打击史可法等元老重臣，甚至重兴党狱，迫害东林和复社等反对派人物，一时缇骑四出，滥捕滥杀。马、阮奸党的倒行逆施还表现为置大敌当前于不顾，而一味地窝里斗。当左良玉以"清君侧"的名义前来兴兵问罪时，他们竟然无耻到"宁可扣北兵之马，不可试南贼之刀"，于是大开江防锁钥，全力与左兵相拼。这就给清兵大举南下以可乘之机。被一群乱臣贼子所包围的弘光帝，是个彻头彻尾的昏君，大敌当前他不但不思进取，而是仍然沉迷在声色之中，竟至为阮大铖所献的《燕子笺》中角色尚未选定而恼怒。面对这样的昏君乱臣，南明王朝的命运也就可想而知了。

史可法是剧中着力刻画的民族英雄形象。在南明政权建立后，正直的史可法因遭马士英所忌，只好出镇江北。然而江北四镇因与马士英勾结，并不听他的指挥。为了争夺扬州，四镇悍将刀兵相见，史可法只好以一张告示来调停，当然也解决不了什么问题。从中可以看出这位空有一腔爱国热血的忠臣"只手儿怎擎青天"的艰难处境。清兵渡河之后，史可法带领三千老弱残兵死守扬州，他痛哭流涕，决心以死报国，为全剧谱写了悲壮的一章。

　　孔尚任虽然十分强调历史真实的重要性，竭力避免因"闻见未广，有乖信史"，并且一再标榜"朝政得失，文人聚散，皆确考实地，全无假借"；但是他并没有把历史剧当作信史来写，相反，他在历史真实的基础上，牢牢把握住艺术规律，很好地解决了艺术真实与历史真实的关系，从而使这部巨作在编织故事、展开情节、铺垫冲突和营造气氛等方面都表现出令人信服的巧思和匠心。

开启相声艺术文化之先河

　　相声大约形成于清代道光至同治年间。早在宋代已有以学市井叫卖声为主要特征的"像声"表演，如《武林旧事》卷一和卷六中就记载有当时的"百鸟鸣"和"学乡谈"等模仿声音包括语音的口技式表演形式。明代也有类似的表演。这种以口技进行的拟声表演，至清初绵延不绝。"相声"有"口技""象声"和"像声"等不同称谓。不仅在京城，在南方这种以口技

拟声的表演形式也有所见。

这种以布围遮说演的形式，在后来相声兴起时，依江湖行话称之为"暗春"；与此相对，将面对听众表演的相声称之为"明春"。无论是模仿自然鸟声的单纯口技，还是模仿人声方言并有一定情节的"隔壁戏"式口技，亦即"象声""像声"或"相声"，对于后来形成的以"说、学、逗、唱"为主要艺术手段的相声而言，一是提供了可资借用的"相声"名称；二是提供了可资化用学演的口技手法。而相声艺术最终形成的更为直接的原因，还在于清代普遍存在的民间讲笑话传统的孕育，以及对"八角鼓"表演的"拆唱"方式及其"逗哏"技巧的移植化用。

说笑话是相声单口表演方式的母体。由《笑林》到《启颜录》，到冯梦龙的《笑府》，再到游戏主人的《笑林广记》，千百年来，讲笑话的传统和对笑话的记录刊行从未停歇。乾隆时期的扬州人石成金辑录的笑话集《笑得好》中的许多篇章，还记有本篇笑话的说演提示，大概可以视为时人讲笑话的表演脚本。笑话的内容及其说演不仅构成后来相声单口节目的基础，而且成为相声表演以"说"为主的艺术手段的主体。

相传道光年间北京的"八角鼓""拆唱"表演著名丑角张三禄，为人机智诙谐，但性情刁钻而好自我表现，常在演出时擅自临场抓哏，使同台演员无法应对而丢脸伤面子。长此以往，导致了同行不愿与其搭班演出并且有意排挤他。他愤而撂地，一人以说演笑话的方式谋生，并在笑话说演中加入"拆唱八角鼓"表演的"逗哏"技巧。他不愿称自己的表演为"八角鼓"，而自称为"相声"，由此开创相声单口表演的先河。又由于"八角鼓"的"全堂"表演，即不同的演唱方式组台演出的联合表演，讲究"说、学、逗、唱、吹、打、拉、弹"行当齐全，后来相声的表演中也借鉴其对戏曲与民间小调的学唱传统，所以，相声艺人在后来的艺术实践中，也以"说、学、逗、唱"来概括自身的艺术技巧。

张三禄之后，相声形成三个支派，即朱（绍文）派、阿（彦涛）派和沈（春和）派。其中阿、沈两派没有朱派兴旺。阿彦涛（生卒年不详）又名阿剑涛，满族。原为"八角鼓"票友，后因家道衰落而说相声，以《虚子论》最为著名。因其早年为不营业演出的票友，世称"清门"子弟。当时把平时业余所说的自娱性相声称"清门相声"；而把撂地演出且以迎合听众为目的，难免有诨酸内容的民间艺人的相声，称为"浑门相声"。

"清门"与"浑门"的合流，客观上壮大了相声演出的队伍，丰富了相声演出的曲目。与阿彦涛同时期说相声的"清门"子弟，还有裕二福、瑞贵、英瑞、荣秀和牛顺等。沈春和（生卒年不详）又名沈长福，原为评书艺人，后随朱绍文改行说相声。徒弟有魏昆志、冯昆治、裕二福和高闻元。后来传到东北地区的相声，主要是这一支。马麻子（生卒年不详）是同治和光绪年间在北京西城一带撂地表演单口相声的艺人。他表演的节目中，最爱说正月十九的《会仙记》。

与马麻子同时代的相声艺人，以朱绍文最为著名。朱绍文（1829—1904年），又作"朱少文"，艺名"穷不怕"，汉军旗人，世居北京地安门外毡子房。幼习二黄小花脸，曾搭"嵩祝成"（班），因不能唱红，遂弃本业，改习架子前脸（彩扮莲花落的丑角）。据传咸丰帝死后，勒令百日之内不许动乐演戏，朱绍文为生计所迫，同治元年（1862年）改行到天桥一带撂地说相声。他还善于即兴编演另一种曲艺形式数来宝，并在相声演出前，常以自编的有趣对联吸引和聚拢听众，可谓多才多艺。

"穷不怕"在后来的岁月里一直表演相声，没有再回归他原来的本行。因而以他较为全面的修养，推动了相声行业的发展。他有四个弟子，分别名为"贫有本""富有根""徐有禄""范有缘"。其中富有根（生卒年不详）本名桂祯，人称"桂三爷"，后授徒裕德隆、范瑞亭等；徐有禄（生卒年不详）本名徐永福，绰号"徐三"，后授徒焦德海、卢德俊、刘德

智等；范有缘（生卒年不详）本名范长利，又名范一斋，后授徒周德山、郭瑞林等。

"穷不怕"收徒后因与弟子们搭档演出，由通常的一个人表演，变成同时可以由两个人来对话表演，开创了"对口相声"的表演方式。他所传下来的相声段子，有《字象》和《拆十字》等。由"穷不怕"开创的这种相声艺术的讽刺传统，在清代末年一直被继承和发扬着。

"穷不怕"以其相声艺术的独特影响，在清末被列为"天桥八大怪"之首。"天桥八大怪"是当时人们对八位在天桥行艺的具有神功绝技的民间艺人的一种称呼，他们是穷不怕、醋溺高、韩麻子、盆秃子、田瘸子、丑孙子、鼻嗡子、常傻子。

当时知名的相声艺人，还有百鸟张（张昆山）、人人乐（朱凤山）、恩子、张麻子（张德泉）、高麻子、粉子颜、小范、玉隆、周蛤蟆（周德山）、焦德海、李德钖等，其中最著名的要数焦德海和李德钖。

"万人迷"的相声很有思想性，无须靠外在的俗套讨笑迎合。特别是他与张麻子（张德泉）合作演出之后，改"浑口"为"净口"，较少诨酸粗俗的内容，相对显得清雅而品位较高，进得大雅之堂。所以，清末民初能进入杂耍馆子演出且能"压大轴"的相声艺人，他是绝无仅有的一个，从而赢得了"笑话大王""相声大王"和"滑稽大王"的美誉。

相声在北京形成并逐步壮大后，开始向外地流传。先后传到天津和东北。最早到天津行艺的相声艺人，是名叫裕二福的满族人。他于光绪初年到天津说单口相声，获得成功，颇负盛名。之后，又相继有阎德山、马德禄、陶湘如等赴天津献艺。从此，相声由土生土长的北京曲种，开始向全国性曲种发展。

皮黄腔艺术的形成

相对于昆山腔、弋阳腔和梆子腔而言，皮黄腔是晚起的声腔，所以它的剧本文学创作不但会受到前面三大声腔的影响，而且还会继承它们的遗产。又因为皮黄腔是由包括徽调、汉调和京剧等在内的剧种组成的一个声腔剧种大家庭，所以它的剧本文学体系自然应该兼容各种在不同历史时期所进行的创作成果。

了解皮黄腔早期剧本文学创作的情况，本来应该追溯到乾隆年间进京的四大徽班的演出剧目，可惜目前还没有发现这方面的史料。现在我们所知的皮黄腔的早期剧目，只能上溯到道光年间，不过那时四大徽班仍然没有像它们后来那样辉煌和完全独立，它们不但有时要同梆子班社同台演出，就是所演的剧目也常常是重叠在一起的。所以这些剧目收入刊于道光二十五年（1845年）的杨静亭《都门纪略·词场》中时，仍然是作为三庆、四喜、和春、嵩祝、新兴金钰、双合、大景和等皮黄班和梆子班共同演出的剧目。这些剧目既可以视为皮黄腔的早期作品，又说明那时的皮黄腔剧目和梆子腔剧目之间的关系还没有严格的分野。这些剧目计有《琼林宴》《阳平关》《战樊城》《鸿鸾喜》《法门寺》《文昭关》《借赵云》《让成都》《定军山》等六十九种。

王芷章《腔调考源》中，记载了艺人传抄的《春台剧目》，著录了道光十年左右早期皮黄艺人汪一香（全林）、陈鸾仙（凤林）、丁鸿宝（云

香）、双胖秀、郑连贵、莲生等人在北京演出的剧目三十五出，如《献长安》《西唐传》《敬德归天》《贪欢报》《秦淮河》《胭脂虎》《坐楼杀惜》等。

见于道光年间抄本《花天尘梦录》（马彦祥藏）卷九"燕台花镜诗"中著录的剧目有《女三战》《虹霓关》《琼林宴》《无底洞》三十八种。

朱家缙辑清升平署档案中咸丰十年至十一年（1860—1861年）的演出剧目有《金锁阵》《送亲演礼》《三岔口》《叫关》《朱仙阵》《望儿楼》《青石山》等七十三种。还有同治八年至九年（1869—1870年）的演出剧目《打龙棚》《打龙袍》《战长沙》等十三种。

上述剧目只见于史料中著述，但未见抄本。现在所能见到最早的皮黄腔完整的剧本，当推新中国成立后发现的汉口"文升堂""文雅堂"和"唐氏三元堂"刊行的《新镌楚曲十种》（现存五种，中国艺术研究院藏）。

楚曲又名楚腔、楚调或汉调，是发源于湖北一带的地方戏曲，亦即汉调（汉剧）的前身，属皮黄腔系统。楚曲在道光年间传入北京，风靡一时，直接影响了京剧的形成。这里所收的楚曲五种，剧本形式古朴，内容和艺术手法也都较粗糙，可以认为是楚曲盛行时，为满足一般市民和农民观众的需要而刊印的木刻通俗唱本。这五种是：

《英雄志》：四卷二十五场。演三国时代诸葛亮安居平五路的故事。

《李密降唐》：内含"秦王打围""拾箭降唐""招宫杀宫""双带箭"四回（四出），未分场，演李密、王伯当降唐复叛故事。又名《断密涧》。

《祭风台》：共两册四卷二十八回。演三国时赤壁鏖战的故事。

《临潼斗宝》：分"说计进宝""晓谕各国""上山结拜""临潼斗宝"四回。未分场。演春秋时代伍子胥力举千斤铜鼎的故事。

《青石岭》：又叫《莲台山》，分"收王洪""收孟禧""草桥关""归天团圆"四卷（四出）。演"周义王"苏皇后禾云庄的赫赫战功，及她与西宫贾翠屏和奸佞们的斗争。

又有戴不凡先生藏，由"益成堂""仁义堂""日光堂"刊刻于道光戊戌年间（1838年）的早期徽班皮黄唱本七种：《下四川》《诸葛吊孝》《辕门斩子》《八王讲情》《桂英祈恩》《药王成圣》《徐文升显灵》。

在皮黄腔的早期作品中，收入《新镌楚曲十种》中的《祭风台》较有代表性。它在表现内容和表现形式方面都取得了较高的成就。

如果说小说《三国演义》已经在历史真实的基础上进行了大量艺术创造，那么楚曲《祭风台》则在小说的基础上又前进了一步，它已不是一般意义上的历史剧，而是一部经过高度想象和夸张处理的充满传奇色彩的历史故事剧。剧中成功地塑造了一批栩栩如生的历史人物形象，其中尤以诸葛亮、周瑜和曹操等人的形象最为突出。诸葛亮可以说是剧中的灵魂，也是作者着意刻画并将其理想化的人物。

从实际身份来看，诸葛亮过江后并不居于军事对抗双方的主导地位；但是，为了塑造人物的需要，剧中的主线一直是围绕着诸葛亮与周瑜的关系而展开的，笔墨也主要放在揭示这两个人物的时而剑拔弩张、暗藏杀机，时而又握手言欢、心灵相通的微妙关系上面。由于作者延续并进一步强化了原小说中的尊刘抑曹的传统，所以在诸葛亮的塑造上不但不惜花费心血，而且投入了极大的热情，使这一人物成为中华民族智慧的化身。《祭风台》在塑造曹操的形象时也很有独到之处。它一方面继承了原小说的特点，将曹操作为一个"奸雄"的典型来塑造；另一方面，又强调他是一个惨遭失败的统帅。

皮黄腔的剧本创作主要是由艺人在舞台实践的过程中完成的，群体性是这种创作的基本特征。但是，由于皮黄腔在发展过程中的影响越来越大，其社会效应和艺术魅力也强烈地吸引了一些文人参加剧本的创作。不但如此，一些善于打本子的艺人也逐渐从演员中分化出来，成为专职的编

剧。所以相对于弋阳腔和梆子腔而言，皮黄腔剧本创作的专业化程度也略高一些。

知识链接

北京评书

北京评书通常简称"评书"，极少前缀地名称谓。表演形式为一人以折扇和醒木为道具，用北京话徒口坐台说演。清代北京民间有关徒口说书的记载，始见于康熙年间李声振《百戏竹枝词》中。北京的评书是在借鉴南方传入的"评话"说演形式的基础上，在一定的条件下，由北方乡村流入城市的鼓书艺人弃唱趋说蜕变而成的。而且这种"改革"的另一个结果是也有一部分鼓书艺人，特别是新加入的女艺人，弃说趋唱，逐渐创立了唱曲性很强的城市大鼓。

梆子腔臻于成熟

梆子腔，戏曲四大声腔之一，因以硬木梆子击节而得名。梆子腔形成于明代中叶，清代以后便进入成熟和迅速发展时期。在顺治、康熙和雍正三朝九十多年的时间里，梆子腔在艺术上日趋成熟和完备，并以山陕地区为根据地，不断向外发展。陕西的秦腔、山西中路梆子、北路梆子、河北梆子、河南的豫剧（河南梆子）、山东的山东梆子（曹州梆子）、山东的莱芜梆子等，均属梆子腔。

康熙四十六年（1707年）深秋，因《桃花扇》而得祸的孔尚任家居七年之后应山西平阳知府刘棨之邀，前往修纂《平阳府志》。他在第二年的新春和元宵佳节怀着极大兴趣观看了平阳地区的社火和昆曲、乱弹的演出后，写下著名的《平阳竹枝词》，从中可以看出诗人完全被秦腔（梆子腔）的演出所折服，他怀着激情，用美好的诗句表达了对这种声腔的由衷赞叹。并说在康熙西巡时秦腔（梆子腔）就曾经献演于圣驾之前，可见这种声腔当时在社会上已经产生很大影响。

康熙时一些史料中都谈到秦腔（梆子腔）的一些活动情况，如其中刘献廷《广阳杂记》就说："秦优新声，有名乱弹者，其声甚散而哀。""广阳"为湖南衡阳，可见当时两湖已有秦腔（梆子腔）的足迹。陈健夫《燕九竹枝词》说"锣鼓喧天满钵堂，鸾弹花旦学边装"，表明被称作乱弹的秦腔（梆子腔）不但已在北京站稳脚跟，而且角色分工中已经出现"花旦"，这说明秦腔（梆子腔）的角色分工有了很大发展。从《雍正上谕内阁》中所收四川提督黄廷桂奏折中得知，当时驻藏的"川省兵丁队中，择其能唱乱弹者"，"不时装扮歌唱，以供笑乐"。这说明从四川到西藏都有了秦腔（梆子腔）的足迹。

秦腔（梆子腔）从关中迅速向外传播，自然需要传播媒介和机遇。明末农民大起义造成一次人口大流动，李自成和张献忠的农民军很多都是关中人。随着军事活动的转徙流动，不少人散落在长江以北广大地区，他们之中不乏秦腔（梆子腔）的传播者。更为重要的是山西、陕西商人的活动。康熙以来，随着商业的发展，各地商人普遍在城市中设立会馆。他们以会馆为根据地，一方面进行商业交往；一方面追求精神享受，于是演剧活动就成为他们自娱的工具和拉拢感情、显示财力的手段，而会馆则成为戏班活动的重要场所。

山西、陕西的商业资本很早便已发达，康熙以来更加活跃，其触角伸

向江苏、浙江、福建、广东、湖北、湖南、四川、云南、山东、河北各地。秦腔（梆子腔）在清初的传播主要借助山陕商帮的活动，乾嘉以后，随着以典当业和钱庄票号为主要标志的山西商业资本的扩大，则又为秦腔（梆子腔）的传播打开了更为宽广的道路。

经过清初的迅速发展，梆子腔不但在艺术上已经成熟，而且在全国范围内产生了广泛的影响。这种方兴未艾的势头必然给戏曲舞台已有的格局造成冲击，于是一场以花雅之争为标志的艺术竞争不可避免地到来了。

花部与雅部的概念是在乾隆时期出现的。《燕兰小谱》说："今以弋腔、梆子等曰花部，昆腔曰雅部。"李斗《扬州画舫录》说："两淮盐务，例蓄花、雅两部，以备大戏。雅部即昆山腔；花部为京腔、秦腔（梆子腔）、弋阳腔、梆子腔、罗罗腔、二黄调，统谓之乱弹。"花部与雅部的划分反映了士大夫文人崇雅抑俗的偏见，同时也表明了这场艺术竞争的阵容。严格地说，花雅之争主要是针对乾嘉时期的戏曲舞台而言，但如果追溯雅俗之争的历史的话，那么清初弋阳腔对昆腔的挑战便已拉开了这种竞争的帷幕。

由于秦腔（梆子腔）的兴起而导致的花雅之争具有双重特点，它既是一场雅俗之争又是一场新旧之争。所谓新旧之争也有双重含义，一是说秦腔（梆子腔）是新兴的声腔；二是说以秦腔（梆子腔）为标志，一种不同于曲牌联套体的戏曲新体制——板式变化体出现了，从这种意义上说，这次花雅之争还带有两种戏曲音乐体制之争的性质。如果说这场雅俗之争本身就已十分激烈的话，那么由于清廷文化政策的介入则使这种竞争变得更加错综复杂。

清廷从维护统治地位的需要出发，一向采取崇雅抑俗政策。它曾先后采取发布禁令、设局改戏、审定音律和编纂宫廷大戏等一系列措施，以图将戏曲活动纳入官方规定的轨迹。不但如此，它还以公开发布禁令的方式对新兴的梆子腔进行毁灭性的打击。清廷的禁令使梆子腔无法在京师立足，秦腔班社或解散或远走他乡。从面上看，秦腔（梆子腔）的确在京中销声匿迹了，但这并不等于秦腔（梆子腔）的真正消失，嘉庆年间此类禁令的再次发出，表明秦腔（梆子腔）的势力仍然存在。

说唱艺术的兴盛

在清代音乐文化的众多艺术形式中，说唱音乐占有十分显著的地位。这一方面，是由于城市文化的发展，在素材、形式和市民欣赏需求等方面，为其提供了十分广阔的发展空间。另一方面，是明、清时期的说唱艺术全面继承了自唐、宋以来的优良传统，经过长期的创造和经验的积累之后，使说唱艺术在内容和形式上得到了不断丰富的结果。

从现今已发现的约二百六十多个说唱曲种中，其音乐性强，并有乐器伴奏的曲种就达二百多个，其中，有相当部分是在明、清两代中发展起来的。在清代说唱艺术的类别划分上来看，弹词和鼓词是整个说唱艺术中的两大门类，是这一时期说唱艺术的主要代表。

1. 弹词

弹词一名，是因伴奏乐器为弹拨类乐器加以说词唱调而得。在表演形式上，弹词有说有唱。但唱的成分要稍多于说的成分。在表演中分"单档"和"双档"两种。所谓单档，是由一个演员自弹自唱，独立完成，而双档，则是由二人演出，二人都操乐器，轮流演唱完成作品（也有三人或三人以上的双档）。在乐器的使用上，单档多用三弦，双档则再加一琵琶，但有时

也因作品的需要再加入二胡、扬琴和月琴等来充当伴奏。

弹词的一些形式因素，最早可以追溯到宋、元时期的一些民间说唱形式和带过场式的说唱段落。由于自身所具有的悠久历史的渊源，在明代中叶就已经十分流行。在明代，弹词主要流行于我国南方城乡，由于南方地域方言十分复杂，而且曲腔差异较大，因此，弹词又细分为苏州弹词、扬州弹词、长沙弹词和绍兴平湖调等。但在艺术结构和形式特征上，上述的弹词基本同出于南方弹词一类，其中，影响最大并具有代表性的当属苏州弹词。

以苏州为代表的弹词艺术，要求演员必须掌握"说、噱、弹、唱"四种技巧。"说"，是说白，是弹词的一个重要部分；"噱"，是即兴创作的笑料，也叫"穿插"；"弹"，是对乐器的运用，其技巧要熟练自如；"唱"，是声音表现和修养的体现。弹词的作品大多是长篇的，按着长篇中的情节段落，又划分篇和章。

在内容上，明、清时期的弹词多以爱情故事为题材，注重对风花雪月，才子佳人的描写与刻画，很少反映现实生活的题材。其代表作品有《珍珠塔》《玉蜻蜓》《天雨花》《笔生花》和《再生缘》等，由于在这些作品中反映女性问题较多，因此，明、清弹词的听众多为女性。

在语言上，弹词的说唱语言分为"国音"和"土音"两大类。国音的弹词语言，主要以北方（北京）的语言为基础，而土音的弹词语言，则以当地的吴音为基础（吴音是指江南一带的地方方言）。在后来弹词艺术的发展中，国音弹词逐渐开始注重对历史故事的挖掘，而土音弹词仍以爱情题材为主，这也反映了弹词艺术在发展的过程中最终形成了南北两大流派，这种南北形式的格局也是说唱艺术史的一个重要特点。

在弹词盛行于江南一带的时候，曾经出现过一大批很有成就的弹词表演艺术家。这些人对弹词艺术的发展起到了十分重要的作用。如陈遇乾

(清嘉庆、道光年间人)、俞秀山（与陈同期）和马如飞（清咸丰、同治年间人）。这三位弹词表演艺术家在清代被称为江南弹词艺术的三大代表，即当时的"陈、俞、马"三大派。其中，陈遇乾所创立和代表的陈派弹词，腔调苍凉粗犷，行曲高亢明快；俞秀山所创立和代表的俞派唱腔迂回曲折、悠扬宛转，有"春莺百啭"之美称；而马如飞创立并代表的马派，广泛地吸收民间音调，其唱腔朴质豪放，字简音洁，形成了独具一格的"爽利清劲"的艺术风格。陈、俞、马三派在明清时期代表了弹词艺术的主流，对于后世影响极大，在后来，中国数百年的说唱文化中所形成的许多流派，大都与这三派的说唱艺术有着渊源关系。

2. 鼓词（含鼓书）

鼓词的艺术形式，最早可以追溯到宋代勾栏艺术中的鼓子词、话本和元代的词话等说唱形式。在明、清时期，鼓词主要流行于北方，其表演特点是表演者在演唱时自己击鼓，节奏由自己掌握。伴奏乐器有鼓、三弦、琵琶、四胡和一些小型打击乐器。鼓词是有说有唱的，但与弹词相反，在表演过程中偏重于说的部分，而唱只注重重点情节和命题性的情节总结部分。

早期的鼓词（此处指明时期）篇幅很长，常表现一些大型化的历史题材故事。在这些历史题材的作品中，有的情节具有虚构的成分，并且含有宣传封建迷信的色彩。但在鼓词艺术的不断发展过程中，鼓词逐渐舍弃了长篇大套的说唱结构，而只保留具有真实历史故事的精彩片段，后经说唱艺人的艺术加工，形成了一种新型的说唱形式，时称"段儿书"。

清代中后期，大鼓书艺术的出现，是明清时期鼓词再发展的一个延伸。

"梨花大鼓"最早起源于山东农村。其早期形式是在农村田间耕作休息时，民间说唱艺人用农具中的铁犁残片相互击打以作说唱伴奏，故得名"犁铧大鼓"。在清末进入城市后，"犁铧大鼓"已改名为"梨花大鼓"。"梨花大鼓"在后来的发展中，经过了很多次革新，最后成为我们今天的

"山东大鼓"。

"西河大鼓"前身是流行在北方农村的木板大鼓。西河大鼓也被称为"西河调""河间大鼓"。"西河大鼓"的创始人是清代道光年间的马三峰（生卒不详，河北人）。马三峰在长期研究木板大鼓的过程中，广泛吸收戏曲和民歌的唱调，并用铁板和大三弦为主要伴奏乐器，最终形成了西河大鼓的唱腔风格。

"梅花大鼓"是清代末年由满清子弟创造出来的一种鼓书艺术。它最初起源于北京，后来流行于华北一带。在表演形式上，梅花大鼓由演唱者自己击打鼓板演唱，并由两三个人来伴奏，乐器为三弦、琵琶和四胡。唱词以七言为主，其唱腔软媚抒情、哀艳忧伤，并且字少腔长。梅花大鼓属于小段儿鼓书，在内容上，因受城市文化和满清贵族子弟的喜好等因素影响，注重对爱情题材的选择，其中大部分都是一些胭粉故事。在后来的发展过程中，梅花大鼓也经历了很多形式和内容上的改革，今天仍保留着这一说唱形式。

除上述几种鼓书形式外，清代中后期的鼓书艺术还有京韵大鼓、东北大鼓、湖北大鼓、和京东大鼓等形式，大多属于小段鼓书，形式大同小异，各有千秋。

知识链接

山东快书

山东快书俗名"武老二"。其所由来，是因为最初的说唱内容主要是有关《水浒传》里的打虎英雄武松的故事。武松在家排行老二，听众就称说唱他的故事的这种曲艺形式为"武老二"。与之相应，表演山东快书的艺人，被称作"说武老二的"或"唱武老二的"。山东快书是由山东大鼓蜕化而来的曲艺品种，约在清道光、咸丰年间形成于鲁西北，后兴盛于鲁中地区。其所韵诵数唱的音乐曲调，系由山东大鼓演化而成。

秧歌戏蓬勃发展

戏曲的繁荣发展对舞蹈艺术的影响，使其发展成为我国乐舞文化的重要组成部分外，另一不容忽视的方面就是加速了民族民间歌舞向歌舞小戏发展的进程。歌舞小戏中主要有秧歌戏、采茶戏、花鼓戏、花灯戏四大系统。

秧歌戏约有22种，采茶戏18种，花鼓戏18种，花灯戏6种（其中湖南花灯有4个支派，云南花灯有9个支派没有分别计数）。此外，还有部分少数民族从民间歌舞中发展起来的歌舞小戏。这些加在一起，约占清代形成的地方戏曲剧种总数的一半以上，数量相当可观。

秧歌是我国流传最广的大舞种，南北都有而尤盛行于北方，少数民族中也有但主要活动于汉族农村。秧歌戏则主要流传于山西、河北、陕西、东北各省等地。

清代是秧歌发展的繁盛期，各地秧歌都有其组成的特点和不同的舞蹈风格，但演出形式大体是类似的。秧歌一般称作"会"，如辽南、陕北的"秧歌会"，京、津一带叫"走会""花会"或"香会"等。这是因为秧歌不是单指某一种歌舞形式，一支秧歌舞队在演出时的构成，可以包括龙、狮、车、船、灯、鞭等多种舞蹈形式。

有些地区以是否踩跷和踩什么样的跷把秧歌区分为"高跷秧歌""寸

跷秧歌"和"地秧歌";也有的按歌、舞的内容侧重不同而分为"文场秧歌"(侧重于唱)和"武场秧歌"(侧重于舞)。

演出程序一般是先"踩街",或称"过街楼""街趟子",即在行进中表演。到达演出场地后,定点演出。先"下大场",集体表演,以"走阵子"(跑队形)为主,含有显示本队实力的意思。大场过后,进行小场,有"小花场""对子秧歌""踢场子"等不同称呼。这是秧歌演出的重点部分,或歌、或舞、或逗(说风趣的吉利话或有简单情节的逗趣),或练拳棒,或耍杂技,各逞其能。

小场中有单人场、双人场、三人场等。双人场或称对口场,大多由一男一女表演,三人场由一男二女或二男一女表演。小场表演一般都带有简单的生活情节,这就是歌舞小戏"二小戏"(一旦、一丑或一生)、"三小戏"(一旦两丑或一生一旦一丑)的雏形。小场演完,再进入大场(也有的把开始时的大场称前大场,结束时的大场叫后大场)。然后,结束整场演出。

从这样的演出结构可以看出,秧歌表演具有很大的灵活性,也有很大的容量。整个舞队,人数可多可少,少者数十人,多者可达百余人;可以由几种歌舞组成,也可以容纳下几十种表演形式;小场节目可多可少,唱舞随意,可以组合在一起演,也可以单独演;演什么节目也可以根据队员自身的条件安排,这就为众多的民间艺术家施展多方面的表演才能,提供了极为广阔的空间。秧歌戏正是在这样的温床上生根、发芽、成长起来的。

扩展阅读　吹吹腔

吹吹腔形成的年代，虽然至今尚难以具体确定，但从清乾隆年间吹吹腔已很流行来推论，至少也当在清初。

吹吹腔系白族古老的戏曲剧种，用白语和汉语演唱，流行于云南西部云龙、洱源、鹤庆、剑川、大理等白族聚居地区。1949年后，吸收白族说唱艺术大本曲的一些曲调，有所丰富和发展，改称白剧。从剧目内容和艺术形式上看，吹吹腔除具有白族艺术特征外，更多的是接受了汉族古典戏曲的影响，与弋阳腔尤为接近。当是汉族戏曲传入当地与白族民间艺术相结合演变而成。

吹吹腔剧目初步调查有300多本，其中历史悠久、广为流传的有《血汗衫》、《火烧松明楼》《蔡雄过年》《八郎探母》等80多个本子。剧本独具白族特色，文学性强，唱词为"三七一五"的"山花体"，白语和汉语掺杂，讲究韵律。表演有严格的套路，行当分工名目众多。演出时载歌载舞，感染力很强。

新中国成立前，吹吹腔濒于灭亡。1949年后，人民政府采取了抢救措施，与老艺人合作，搜集整理了一批传统剧目，也创作了一批反映现实生活的新剧。为了弘扬民族文化，1959年，成立了大理白族自治州吹吹腔剧团，演出过《杜朝选》《火烧磨房》《三月三》等吹吹腔剧目。1962年，成立大理白族自治州白剧团，开始以大本曲唱腔为主，同时使用吹吹腔音乐，并吸收白族民间的音乐，将吹吹腔发展为白剧。

第六章

别"具"风采
——盛世繁华的清代家具

我国家具在清初这一时期基本延续了明代家具的风格。在康熙、雍正、乾隆三代盛世时期,社会财富的积累达到顶峰,皇家的园林建筑大量兴建,清朝皇帝为显示正统的地位,对皇室家具的形制、用料、尺寸、装饰内容、摆放位置等都要过问,工匠为了完成皇帝的旨意,在家具造型和雕饰上竭力显示皇家的正统、威严,讲究用料厚重,尺度宏大,雕饰繁复。

沉重瑰丽的京式家具

清式家具与明式家具在造型艺术及风格上有着明显差异。清式家具的特点首先表现在用材厚重上，家具的总体尺寸较明代宽大，相应的局部尺寸也随之加大。其次是装饰华丽，表现手法主要是镶嵌、雕刻及彩绘等。所体现的稳重、精致、豪华、艳丽的风格，和明式家具的朴素、大方、优美、舒适的风格形成鲜明的对比。

清式家具和明式家具相比，自然不如明式家具那样具有很高的科学性，但仍有许多独到之处。由于清式家具以富丽、豪华、稳重、威严为标准，为达到设计目的，利用各种手段，采用多种材料、多种形式，巧妙地装饰在家具上，效果也很成功。此外，清代家具还具有鲜明的地方特点和风格，较前代有所不同。

"京仿"的家具俗称"京式"家具，主要指北京地区生产的以宫廷用器为代表的京式家具。到清代中叶时已完全形成了与明式家具不同的装饰风格，成了"清式"家具，故京式家具常常都是清式家具。

京式家具大体介于广式和苏式之间，用料较广式要小，较苏式要实。在明朝就有作坊专门制作宫廷家具。

京式家具一般以清宫造办处所做家具为主。造办处有单独的木作，木作中又有单独的广木作，由广州征选优秀工匠充任，所制器物较多地体现着广式风格。但由于木材多从广州运来，一车木料辗转数月才能运到北京，沿途人力、物力、花费开销自不必说，这一点使得广有天下的皇帝也变得慎重起来。因此，造办处在制作某一件器物前都必须画样呈览，经皇帝批准后，方可制作。在这些御批中，经常记载着这样的事，即皇帝看了样子后，觉得某一部分用料过大，及时批示将某部分收小些，久而久之，形成京式家具较广式家具用料稍小的特点。

在造办处普通木作中，多由江南广大地区招募工匠，做工趋于苏式，不同的是他们在清宫造办处制作的家具较江南地区用料稍大，而且掺假的情况亦不多。

从纹饰上看，京式家具较其他地区又独具风格。它从皇帝收藏的古代铜器和石刻艺术中吸取素材，巧妙地装饰在家具上。在家具上雕刻古铜器纹饰在明代就已开始，清代在明代的基础上又发展得更加广泛了。

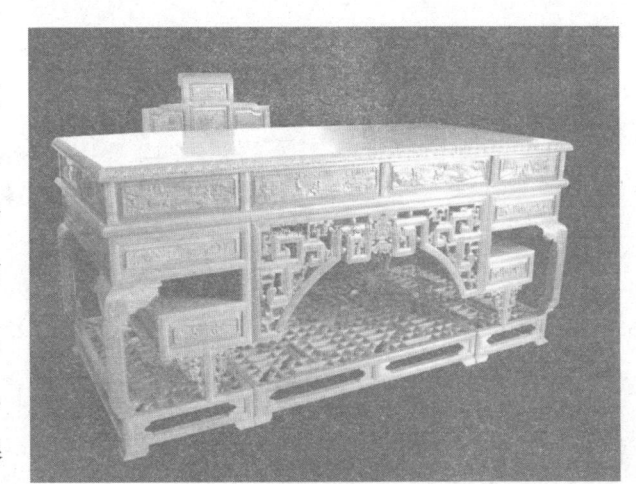

清式写字台

明代时这种纹饰多见于装饰翘头案的牙板和案腿间的挡板，清代则在桌案、椅凳、箱柜上普遍应用；明代多雕刻夔龙、螭虎龙（北京匠师多称其为拐子龙或草龙），而清代则是夔龙、夔凤、拐子纹、螭纹、蟠纹、虬纹、饕餮纹、兽面纹、雷纹、蝉纹、勾卷纹、回纹等无所不有，工匠根据不同造型的家具而施以各种不同形态的纹饰，显示出各自古色古香、文静典雅的艺术特色。

这些宫廷家具逐渐传入民间。清代宫内设有作坊，专门制造各种宫廷使用的硬木家具。宫廷用器因追求体态，致使家具在用料上要求很高，常

以紫檀为主要用材，亦有黄花梨、乌木、酸枝木、花梨木、楠木和榉木等。京式家具制作时为了显示木料本身的质地美，硬木家具一般不用漆髹饰，而是采取传统工艺的磨光和烫蜡。

光绪年间，北京有了专门修造民间硬木家具的作坊，后来也承做榆木大漆家具。京式家具继承和发展了明式家具的优良传统，逐渐形成了自己的风格。

引领潮流的广式家具

明末清初之际，由于西方传教士的大量来华，传播了一些先进的科学技术，促进了中国经济文化的繁荣。

广州由于它特定的地理位置，便成为我国对外贸易和文化交流的一个重要门户。随着对外贸易的进一步发展，各种手工艺行业如象牙雕刻、瓷器烧造、景泰蓝等，也都随之恢复和发展起来。加之广州又是贵重木材的主要产地，南洋各国的优质木材也多由广州进口，制作家具的材料比较充裕。这

广式家具——椅子

些得天独厚的有利条件，赋予广州家具独特的艺术风格。

广式家具的特点之一是用料粗大充裕。以故宫收藏的紫檀边座点翠牙雕人物插屏为例，该插屏由底座、立柱、站牙、鱼腮板、披水牙和屏框组成。在这件插屏的各个部件中，用料粗大充裕的特点最突出地表现在两侧瓶式立柱上，每个立柱从底座墩木的上平面算起，就高达 63.5 厘米，瓶腹最宽处 19 厘米，厚 6.5 厘米。要用这么大的木料削成细脖、大腹、小底的方瓶形式，自然要挖掉许多木料。

两柱间的横梁用料也较大，宽 8 厘米，厚 4 厘米，由于横梁较宽，下面的绦环板中间自然要形成一定的空隙。插屏底座的木墩，长 55 厘米，宽 11 厘米，高 15 厘米，下面挖出曲线亮脚，两端留足，其用料大小，关系到插屏的稳定与否，因此，广式家具的腿足、立柱等主要构件不论弯曲度有多大，一般不用拼接做法，而且惯用一块整木挖成，其他部位也大体如此，所以广式家具大多比较粗壮。

广式家具的另一特点是木质一致，一件家具全用一种木料制成。通常所见的广式家具，或紫檀，或红木，皆为清一色的同一木种，决不掺杂别种木材。而且广式家具不加漆饰，使木质完全裸露，让人一看便有实实在在、一目了然之感。

广式家具的又一特点是装饰花纹雕刻深峻、刀法圆熟、磨工精细。它的雕刻风格，在一定程度上受西方建筑雕刻的影响，雕刻花纹隆起较高，个别部位近乎圆雕。加上磨工精细，使花纹表面莹滑如玉，丝毫不露刀凿的痕迹。

广式家具的装饰题材和纹样，也受西方文化艺术的影响。明末清初之际，西方的建筑、雕刻、绘画等技术逐渐为中国所应用，自清代雍正至乾隆、嘉庆时期，模仿西式建筑的风气大盛。除广州外，其他地区也是这种情况。如北京西郊西苑一带兴建的圆明园，其中就有不少建筑物从建筑形式

到室内装修，无一不是西洋风格。为装饰这些殿堂，清廷每年除从广州定作、采办大批家具外，还从广东挑选优秀工匠到皇宫的造办处，为皇家制作与这些建筑风格相协调的中西结合式家具，即用中国传统技法制成家具后，再用雕刻、镶嵌等工艺手法饰以西洋式花纹。

这种西式花纹，通常是一种形似牡丹的花纹，也有称为西番莲的。这种花纹线条流畅，变化多样，可以根据不同器形而随意伸展枝条，它的特点是以一朵或几朵花为中心向四外伸展，且大都上下左右对称。如果装饰在圆形器物上，其枝叶多作循环式，各面纹饰衔接巧妙，很难分辨它们的首尾。

广式家具除装饰西式纹样外，也有相当数量的传统纹饰，如各种形式的海水云龙、海水江崖、云纹、凤纹、夔纹、蝠、磬、缠枝或折枝花卉，以及各种花边装饰等。有的广式家具中西两种纹饰兼而有之，也有的广式家具乍看都是中国传统花纹，但细看起来，或多或少地总带有西式痕迹，为我们鉴定是否为广式家具提供了依据。

当然，我们不能光凭这一点一滴的痕迹就下结论，还要从用材、做工、造型、纹饰等方面综合考虑。

清初，为适应对外贸易的发展，广州的各种官营和私营手工业都相继恢复和发展起来。这些手工业的恢复和发展，给家具艺术增添了色彩，使清式家具在雕刻和镶嵌的艺术手法上与明式家具相区别。镶嵌作品多为插屏、挂屏、屏风、箱子、柜子等，原料以象牙雕刻、景泰蓝、玻璃画等居多。

提到镶嵌，人们多与漆器联系在一起，原因是我国镶嵌艺术大多体现在漆器上，而广式家具的镶嵌却很少见漆，这是它有别于其他地区的一个明显特征。这类传世作品在清宫中保存较多，内容多以山水风景、树石花卉、鸟兽、神话故事以及反映现实生活的风土人情为题。

广州还有一种以玻璃油画为装饰材料的家具，也以屏类家具最为常见。

玻璃油画就是在玻璃上画的油彩画，于明末清初由欧洲传入我国，首先在广州兴起，曾形成专业生产，我国现存的玻璃油画，除直接由外国进口外，大都由广州生产。它与一般绘画的画法不同，是用油彩直接在玻璃的背面作画，而画面却在正面，先画近景后画远景，用远景压近景，尤其画人物的五官时，要画得气韵生动，就更不容易了。

传承发展的苏式家具

苏式家具是指以苏州为中心的长江下游一带所生产的家具。苏式家具形成较早，举世闻名的明式家具即以苏式家具为主，它以造型优美、线条流畅、用料和结构合理、比例尺寸合度等特点和朴素、大方的格调博得了世人的赞赏。但进入清代以后，随着社会风气的变化，苏式家具也开始向繁琐和华而不实的方面转变，这里所讲的苏式家具，主要指清代而言。

苏式家具的用料，以紫檀描金席心扶手椅为例，此椅从外观看，颇为俊秀华丽，但从其用料方面看，是异常节俭的。它的4条直腿下端饰回纹马蹄，上部饰小牙头，这在广式家具中通常用一块整料做成，而此椅却不然，4条直腿的平面以外的所有装饰全部用小块碎料粘贴，包括回纹马蹄部所需的一紫檀描金席心扶手椅小块薄板。

椅面下的牙条也较窄且薄，座面边框也不宽，中间不用板心，而用藤心，又节省了不少木料。上部靠背和扶手，采用拐子纹装饰，拐角处用格角榫拼接，这种纹饰用不着大料，甚至连拇指大的小木块都可以派到用场，

苏式中堂经典家具

足见用料之节俭。

苏式家具的大件器物多采用包镶手法，即用杂木为骨架，外面粘贴硬木薄板而制成家具。这种包镶作法，费工费力，技术要求也较高，好的包镶家具不经过仔细观察或用手掂一掂，很难看出是包镶作法，原因是为了不让人看出破绽，通常把拼缝处理在棱角处，而使家具表面木质纹理保持完整，既节省了材料，又不破坏家具本身的整体效果。为了节省材料，制作桌子、椅子、凳子等家具时，还常在暗处掺杂其他杂木，这种情况，多表现在器物里面的穿带的用料上。

现今故宫博物院收藏的大批苏式家具中，十之八九都有这种现象，而且明清两代的苏式家具都是如此。苏式家具都在里侧上漆，目的在于使穿带避免受潮，保持木料不致变形，同时也有遮丑的作用。

总之，苏式家具在用料方面和广式家具风格截然不同，苏式家具以俊秀著称，用料较广式家具要少得多，由于硬木材料来之不易，苏作工匠往往惜木如金，在制作每一件家具之前，要对每一块木料进行反复观察，衡量，精打细算，尽可能把木质纹理整洁、美观的部位用在表面上。

苏式家具的镶嵌和雕刻艺术主要表现在箱柜和屏联上。以普通箱柜为例，通常以硬木做成框架，当中起槽镶一块松木或杉木板，然后按漆工工序做成素漆面，漆面阴干后，开始装饰图案。先在漆面上描出画稿，再按图案形式用刀挖槽，将事先按图做好的各种质地的嵌件镶进槽内，用胶粘牢，即为成品。苏式家具中的各种镶嵌也大多用小块材料堆嵌，整板大面积雕刻的成器不多。常见的镶嵌材料多为玉石、象牙、螺钿和各种颜色的彩石，也有相当数量的木雕。

苏式家具镶嵌手法的主要优点是可以充分利用材料，哪怕只有黄豆大小的玉石碎碴或罗甸沙屑，都不会废弃。

苏式家具的装饰题材多取自历代名人画稿和树石花鸟、山水风景以及各种神话传说，其次是传统纹饰如"海水云龙、海水江崖、二龙戏珠、龙凤呈祥"等。折枝花卉亦很普遍，大多借其谐音暗寓一句吉祥语。局部装饰花纹多以缠枝莲和缠枝牡丹为主，西洋花纹极为少见。一般情况下，苏式的缠枝莲、广式的西番莲，已成为区别苏式家具和广式家具的一个特征。

形式各异的"凳"文化

清代苏式凳子基本承接明代形式。广式外部装饰和形体变化较大；京式则矜持稳重，繁缛雕琢，并出现加铜饰件等装饰方法。

形体大体可分方、圆两形，方形有长方形和正方形，圆形又分梅花形、海棠形等，还有开光和不开光的，两形有带托泥和不带托泥之分。并加强了装饰力度，形式上变化多端，如罗锅枨加矮老、直枨加矮老做法、裹腿做法、劈料做法、十字枨做法等。腿部有直腿、曲腿、三弯腿。足部有内翻或

外翻马蹄、虎头足、羊蹄足、回纹足等。面心有各式硬木、镶嵌彩石、影木、嵌大理石心等。

南北方对凳的称呼有异，北方称凳为机凳，南方则称为圆

清代苏式凳子

凳、方凳。马机凳是一种专供上下马踩踏用的，也称"下马机子"。清代的折叠凳形式很多，也称"马闸子"，方形交机出现了支架与机腿相交处用铜环相连接制作，很精美。

圆凳和墩常设在小面积房间里，而坐墩不仅在室内使用，也常在庭园室外设置。清式的圆凳、坐墩在继承明式做法的同时，在造型和装饰方面处处翻新，一般四面都有装饰，有黑漆描金彩绘、雕漆、填漆以及各种木制、瓷制、珐琅制等，精美异常。凳面有圆形，也有变形圆形。

乾隆年间所制圆凳，又有海棠式、梅花式、桃式、扇面式等。如梅花凳是一种颇有特色的凳子，其凳面呈梅花形，故设有五脚，造型别致，做工考究。梅花凳式样较多，做法不一，其中以鼓腿彭牙设置托泥的最为复杂。再如海棠式五开光坐墩也是具有特色的坐具，此墩形体瘦高，是清式常用式样。

圆形墩，腹部大，上下小，称为"鼓墩"，是形体各异形成坐具中很有趣的品种，一般在上下彭牙上也做两道弦纹和鼓钉，保留着蒙皮革，钉帽钉的形式，墩身四面开光，墩身雕满云纹，雕工细腻，为清式精品。

瓜墩是一种呈甜瓜形的坐墩，并常在墩体下设四个外翻马蹄小足，还装上铜饰，更显示出古色盎然。此外还有铺锦披绣的"绣墩"。

套脚为家具铜饰件，是套在家具足端的一种铜饰件，铜足可保护凳足，既可防止腿足受潮腐朽，避免开裂，又具有特殊装饰作用，为清式凳足部的一种装饰方法。如紫檀木方凳，四足底部有铜套，铜足头高5.5厘米。铜足作筒状，有底，中塞圆木，凿方孔，凳足也凿方榫眼，用铜栽榫接合一体。足为铜足作圆筒状，有装饰效果，防止木足直接着地腐朽。此凳用紫檀制作，边抹攒框榫接，面心为独板落塘肚。四腿如四根圆形立柱支撑凳面，罗锅枨加矮老与凳面相接，每边为四个矮老，罗锅枨和矮老均为圆形，矮老上端以齐头碰和束腰榫接，下以格肩榫和罗锅枨相接。

凳子除了普通木材所制以外，还有用紫檀、花梨、红木、楠木等高级木材制造的。座面有木制、大理石心等。边框有镶玉、镶珐琅、包镶文竹等装饰。用材和制作讲究而不拘一格，丰富多彩。一般带托泥束腰方凳，有高束腰，下接透雕牙条，三弯腿外翻足，足下有托泥。四角有小龟足。制作之精细是前代家具所无法比拟的，如清乾隆年紫檀木镶珐琅方凳，就是这时的精品。还有一种凳称为骨牌凳，是江南民间凳子中常见的一种款式，因其凳面长宽比例与"骨牌"类似而得名。此凳整体结构简练，质朴无华。

春凳是一种可供两人坐用、凳面较宽、无靠背的一种凳子，江南地区往往把二人凳称春凳，常在婚嫁时上置被褥，贴上喜花，作为抬进夫家的嫁妆家具。春凳可供婴儿睡觉及放衣物，故制作时常与床同高。明式家具中已有春凳，春凳的形制在清代宫中制作时有一定规矩，有黑光漆嵌螺钿春凳等精品；民间却无一定尺寸，为粗木制作，一般用本色或刷色罩油。

知识链接：

绣墩

绣墩也是一种无靠背坐具。它的特点是面下不用腿足，而采用攒鼓的作法，形成两端小中间大的腰鼓形。因在两端各雕一道弦纹和象征固定鼓

皮的帽钉，因此又名"花鼓墩"。绣墩除木制外，还有蒲草编织、竹藤编织的，也有瓷质、雕漆、彩漆描金的。木制多用较高级的木材做成，且以深色为多，通常所见为紫檀、红木所造。在造型上，除圆形外，还有从圆形派生出来的瓜棱式、海棠式、梅花式等。绣墩的使用通常还要根据不同季节辅以不同的软垫和绣有精美花纹的坐套，两者合在一起，才是名副其实的绣墩。

清式座椅见功夫

清式座椅制作比以前更加精美，雕饰更加豪华，成为清式家具的典型代表。清式靠背椅在明式靠背椅的基础上有很大的发展，制作精细，最有特色的是一统碑式靠背椅，因此椅比灯挂椅的后背宽而直，但搭脑两端不出头，像一座碑碣，故而得名"一统碑"椅，南方民间亦称"单靠"。

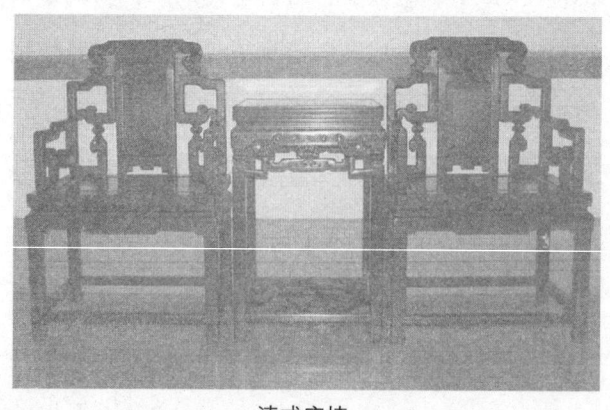

清式一统碑椅基本保持了明式式样，但在装饰方面逐渐繁琐。清式一统碑椅的背板一般用浅雕纹饰，在整体出现了繁复雕刻和镶嵌装饰，这种椅变化最大的是广式

清式座椅

做法，一般用红木制作。还有一种苏式做法，即所谓"一统碑木梳靠背椅"，用红木或榉木制作。宫廷中的也有黑漆描金彩画等装饰。形体像一统碑椅只是靠背搭脑出挑的清式灯挂椅常省去前面踏脚枨、两侧枨下牙条和角牙，喜用红木、榉木、铁力木等种木材纹清晰和坚硬的材料，一般不上色，即所谓"清水货"。

回纹是清式家具中最有代表性的装饰纹样，是一种方折角的回旋线条，即往复自中心向外环绕的构图，其表现形式有单个同一方向的旋转、两个向心形旋转、S形旋转等多种形式，很可能是仿商周青铜器纹饰。常用在椅子背板、扶手、腿足部分，桌案的牙条、牙头等部分也最喜欢用回纹，以至于人们将带有回纹装饰的家具作为清式家具的代名词，也就是说有回纹装饰的家具一般都为清式家具。

清式圈椅的足部纹饰最喜欢用回纹装饰。清式圈椅雕饰程度大大增加，回纹细腻有序，常用来雕饰在清式圈椅的足部。椅背常用回纹浅雕，也有镂雕纹饰或蝙蝠倒挂形纹饰。清式圈椅和明式圈椅最大区别是基本不做束腰式，明式直腿多，清式有直腿也有三弯腿，常在直线腿部中间挖料，到回纹足上又挖去一小块，从而显得繁琐。

清式扶手椅比明式扶手椅有更大的发展，其中有一种外形硕大的扶手椅，俗称"宝座"。宝座是宫廷大殿上供皇帝、后妃和皇室使用的椅子。为使椅子更显金碧辉煌、气派非凡，常用硕大的材料制成。宝座常带有托泥和踏脚，技法上常使用透雕、浮雕相结合的方法，装饰常以蟠龙纹为主，辅以回纹、莲瓣纹饰，还施以云龙等繁复的雕刻纹样，再贴上真金箔，髹涂金漆，镶嵌真珠宝，座面铺黄色织锦软垫。整个座椅金碧辉煌、气派非凡、极度华贵，成为至高无上的皇权象征。宝座常在大殿中和屏风配套使用，如故宫太和殿的"金漆雕龙宝座"和"紫檀雕莲花宝座"，显得金碧辉煌、气派非凡；如乾清宫的云龙圆背宝座，是封建皇帝举行最隆重的典礼时所

用。现藏美国纳尔逊美术馆的一把镂空紫漆描金双扶手椅，此宝座为清代中期制品，长155厘米、宽101.6厘米、高129厘米，尺寸硕大，双扶手，以螭虎龙作花牙，装饰瑰丽，体现了皇家的尊贵豪华气派。

另外，皇亲国戚、满汉达官显贵日常生活用的椅子也比一般民间生活用椅要宽大得多，称大椅，常雕镂精美。而清代园林和大户人家厅堂上使用的扶手椅，江南俗称"独座"，是吸取大椅和宝座的特征，由太师椅演变而来的，一般靠背还嵌有云石，是江南地区别具一格的座椅。

清式屏背椅中常见的有独屏式、三屏式、五屏式，而将形体较大的又称"太师椅"。清式太师椅椅背基本是三屏式。而五屏式扶手椅，椅背有三扇，扶手左右各一扇，扇里外有的雕饰花纹，有的嵌装瓷板，花纹有云纹、拐子纹、山水花草纹等。这种扶手椅整体气势雄伟。

知识链接

玫瑰椅

清式座椅中有许多是由花来命名的，有所谓梅花凳、海棠凳等等，基本上是由形而得名。玫瑰椅得名是否与形有关不得而知，但这种座椅非常精致美丽是有目共睹的。这种扶手椅的后背与扶手高低相差不多，比一般椅子的后背低，在居室中陈设较灵活，靠窗台陈设使用时不致高出窗沿而阻挡视线，椅型较小，造型别致，用材较轻巧，易搬动。常见的式样是在靠背和扶手内部装券口牙条，与牙条端口相连的横枨下又安短柱或结子花。也有在靠背上作透雕，式样较多，别具一格，是明式和清式家具常见的一种椅子式样。

古香古色的桌台架格

清代桌子名称繁多为其特点。有膳桌、供桌、油桌、千拼桌、账桌、八仙桌、炕桌。清代桌子不但品种多，装饰美观，而且随着制作经验的丰富和工艺水平的提高，结构也更成熟。

有无束腰攒牙子方桌、束腰攒牙子方桌、一腿三牙式罗锅枨方桌、垛边柿蒂纹麻将桌、绳纹连环套八仙桌、束腰回纹条桌、红漆四屉书桌等，其桌做工十分考究。特别是清式方形桌中的八仙桌，其品种多，装饰手法千姿百态，最常见的一种是桌面镶嵌大理石，一般都束腰，且四面有透雕牙板。

圆桌一般面为圆形，但它变化也很多，有束腰式，有五足、六足、八足者不等。桌面制作很讲究，有用厚木板、影木的；也有用各种石料的，有用各种天然彩石镶嵌成面，颜色丰富。从形制看有无束腰五环圆桌、高束腰组合圆桌、束腰带托泥圆桌、镶大理石雕花大圆桌等，最有特点的为圆柱式独腿圆桌。此类桌一般桌面下正中制成独腿圆柱式，如故宫博物院珍藏的紫檀圆桌，通高一般为84.5厘米、面径为118.5厘米。

桌面下正中制圆柱式独腿，上有的6个花角牙支撑桌面，下为6个站牙抵住圆柱，并与下面踏脚相接，起支撑稳固作用。上、下节圆柱以圆孔和轴相套接，桌面可自由转动，造型优美，既稳重又灵巧。

清式还有一种圆面分为二半的桌子，称半圆桌。使用时可分可合。两

个半圆桌合在一起时腿靠严实，是清式家具中常见的家具品种之一。

架格是家具中立架空间被分隔成若干格层的一种家具，主要供存放物品用。其中间设有背板和上有券口牙子的较为讲究。最为考究的是多宝架，这是一种类似书架式的木器，中设不同样式的许多层小格，格内陈设各种古玩、器皿，又称博古架。清代由于满汉达官显贵嗜好佩戴饰物、贮藏珍宝，所以就制造了多宝格这种架式贮藏家具。

多宝格兼有收藏、陈设的双重作用，与一般纯作贮藏的箱、盒略有不同。之所以称为"多宝格"，是由于每一件珍宝，按其形制巨细都占有一"格"位置的缘故。多宝格形式繁多，各不类似。由于其制作精美，本身就是一件绝妙的工艺品，如故宫博物院收藏的紫檀多宝格仍是一件精品。

有些依据书体规格制作的称之谓书格或书架。清式支架中有一种放书的格架，如故宫博物院收藏的康熙年制一个五彩螺钿加金、银片书格架，高约223厘米、长114厘米、宽57.5厘米，楠木胎，周身为黑退光漆，上面用五彩螺钿和金、银片托嵌成花纹图案，上刻"大清康熙癸丑年制"款。书格工精、图案优美，是一件难得的大件而又精美的工艺品。

皇宫制品的面盆架一般都镶嵌百宝等什锦。这种技法在明代开始流行，到清初达到高峰。所谓"百宝嵌"就是用珊瑚、玛瑙、琥珀、玳瑁、螺钿、象牙、犀角、玉石等做成嵌件，镶成绚丽华美的画面，使整个家具显得琳琅满目。一般为四足、六足不等，后两足与巾架相连，有的中有花牌子，巾架搭脑两端出挑，多雕有云纹、凤首等，圆柱用两组"米"字形横枨结构分别连接，面盆就直接坐在上层"米"字形横枨上，是清式支架类家具中颇具特色的一种家具款式，如现藏故宫博物院的黄花梨面盆架。这件清代制作的面盆架，面盆架径约71厘米、前足高74.5厘米、后足高201.5厘米，搭脑两端安装灰玉琢成的龙头，在黄花梨木上镶嵌百宝饰物，显得十分富丽豪华，是我国家具中少有的一件精品。此外还有六足面盆架带巾架、挂巾圆盆架，做工也十分考究。

灯台是当时室内照明用具之一，功能与现代的落地台灯相似，既可不依桌案，又可随意移动，还具有陈设作用。清式固定式和升降式灯台更加精美。

升降式灯台是清代室内的照明用具之一。当时室内照明用的蜡烛或油灯放置台，往往做成架子形式，底座采用座屏形式，灯杆下端有横木构成丁字形，横木两端出榫，纳入底座主柱内侧的直槽中，横木和灯杆可以顺直槽上下滑动。灯杆从立柱顶部横杆中央的圆孔穿出，孔旁设木楔。当灯杆提到需用的高度时，按下木楔固定灯杆。杆头托平台，可承灯罩。升降式灯架南方俗称"满堂红"，因民间喜庆吉日都用其设置厅堂上照明而得名。

扩展阅读　宫中工匠的待遇

清代皇家造办处设立木作始于康熙年间。木匠制作的地方集中在紫禁城和圆明园附近。工匠一般来源于广州和苏州两地。当地知名的工匠经过地方官员的筛选和保举，来到京城的造办处，经过适用合格后正式录用。

一位西方人在1799年描绘的广东木匠，在当时能到京城给皇家做工，是一件很风光的事情。进京前，当地政府支付一笔安家费，乾隆中期约在六十两到一百两白银不等，到了京城正式录用以后，皇家还要发放一笔安置费，约为六十两白银。并且安排住处，工匠带不带家眷自便。入宫的木匠可以得到内务府的旗籍，可见待遇非同一般。

木匠在为皇室做工的时候，有丰厚的工银。在乾隆年间，宫中的木匠每月发放的银两分三等，分别是六两、八两和十两。按同期户部俸禄标准，已经高于一个知县的俸禄。如果活儿做得好，还可以获得皇家的奖赏，这是惯例。

赏赐的程序是：先由主管根据完成活儿的数量和质量，初拟赏物或赏银数量。然后呈送皇上批阅。御批的赏赐常常高于拟赏数量，以示皇恩。例如，乾隆元年（1736年）档案记载，7月二十日"花梨木雕云龙柜一对呈进，奉旨拟赏"。五日后，"拟得赏大缎二匹，貂皮四张"，后乾隆帝阅批"着赏大缎四匹，貂皮十张"，比拟赏高出一倍还多。

工匠在做工期间，至少管一顿午饭。每年有回乡扫墓的假期，工钱照发，还报销路费。这种待遇在封建社会的各行业中是很少见的。乾隆皇帝曾多次提及，皇家的工程是"料给值、工给价"。即便是做的活儿不符合要求，最重的处罚也就是革退，"永不录用"，而对官府管理人员的处罚更重一些。

正是这样，工匠可以无所顾虑，充分发挥其手艺。全身心投入到家具的制作之中。但他们没有自由创作的机会，艺术创作必须按照一定的模式，符合清代的宫廷风格。

第七章

妙笔生辉
——流派纷呈的清代书画文明

清代的书画艺术，继续着元、明以来的趋势，文人书画日益占据画坛主流，山水画的创作以及水墨写意画盛行。在文人画思想的影响下，更多的画家把精力花在追求笔墨兴趣方面，造成了形式面貌的更加多样，愈加派系林立。在董其昌"南北宗论"的影响下，清代书画流派之多，竞争之烈，是前所未有的。

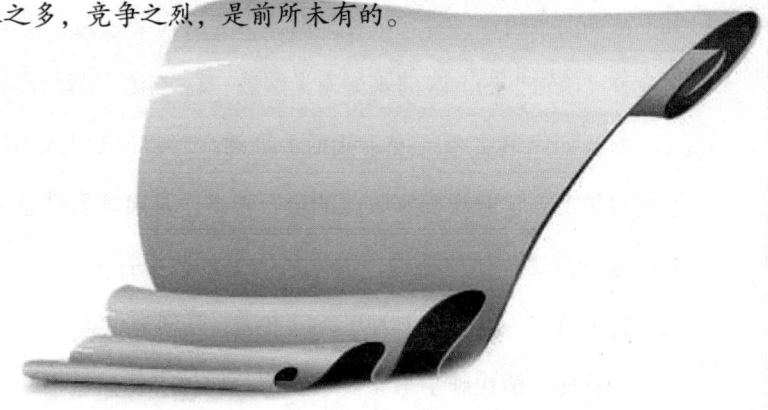

开创碑学之风：邓石如

清代书法突破了宋、元、明以来帖学的樊笼，开创了碑学，特别是在篆书、隶书和北魏碑体书法方面，更是成就卓然，形成了雄浑渊懿的书风。清代书法不但取得了可与千余年帖学相辉映的显赫成就，而且以方兴未艾之势影响到了近现代，使得清代书坛十分活跃、流派纷呈，一派兴盛局面，堪称中国书法史上的中兴时期。

碑学在书法艺术发展史上的最大功绩，一是导致篆、隶书体的复兴，二是确立了与帖学迥不相类的、以质朴之美和"金石味"为特征的审美类型。基于这两大原因，碑学又顺理成章地在书法艺术技法史上导致了形式表现手法的拓展和突破。

邓石如（1747—1805年），清代书法家、篆刻家。原名琰，字石如，更字顽伯，号完白山人，又有完白、古浣等别称，安徽怀宁人。少时好篆刻，其书法功力也极深，曹文埴称其四体书为清代第一人。其篆刻世称"邓派"，也有称"皖派"的。晚清篆刻家吴熙载、赵之谦、吴昌硕等均受其影响。

邓石如家道贫寒，少年就工于篆刻。后通过友人介绍，陆续认识了南京梅镠等友人，遍观梅家收藏的金石善本，凡名碑名帖总要临摹百遍以上，为此起早贪黑，朝夕不辍，为以后的篆刻艺术打下了扎实的书法基础。而后，告别梅家，遍游名山大川，以书法、篆刻为生。

邓石如为清代碑学书家巨擘，擅长四体书。其篆书初学李斯、李阳冰，后学石鼓文以及彝器款识、汉碑额等，广泛吸收籀文、瓦当之体势。他以隶法作篆，体形微方，别具新意，为清代篆书开辟了一个新天地，堪称唐代李阳冰之后别具特色的篆书大家。他的篆书纵横捭阖，字体微方，接近秦汉瓦当和汉碑额；他的隶书从汉碑中出来，大气磅礴，使清代隶书面目为之一新；而他的楷书取法六朝碑版，兼取欧阳询父子体势，笔法斩钉截铁，结字紧密；他的行草书主要吸收晋、唐草法，笔法迟涩而飘逸。总观其四体书法，以篆书成就最大，楷、行、草次之。他又是篆刻家，开创了邓派。他以小篆入印，强调笔意，风格雄浑古朴、刚健婀娜，书法、篆刻相辅相成。

时人对邓石如的书艺评价极高，称之"四体皆精，国朝第一"。而他的确以其出色的艺术实践取得了卓越的成就，有力地证明了碑学理论的正确性，推动了碑学的发展，开一代碑学之风。

清初画坛"四王"

清初的画坛，最具创造精神的有渐江、髡残、八大山人、石涛等。他们以笔法恣肆，立意新奇，个人特色鲜明著称。由于他们别开生面的艺术创作，清代画坛一开始就呈现出一股生气。以山水画称雄大江南北的则有王时敏、王鉴、王翚、王原祁以及吴历、恽寿平，他们被并称为"四王吴恽"，也被称为清初六大家，代表着当时画坛的主流。

"四王"是对成名于清初的画家王时敏、王鉴、王翚和王原祁四人之合称。"四王"之间，有着师友或亲属关系，且画风相近，故被人列为一派是

非常自然的。

"四王"之中，王时敏与王鉴均入仕过明朝，清初时，他们已进入中年，均不再入仕而专以艺文书画行世，他们是继承明代画风而影响清初画坛的著名画家，是"四王"画风的开创者。

王时敏（1592—1680）是"四王"之首，字逊之，号烟客、西庐老人等，江苏太仓人。他的祖父王锡爵在明万历年间为首辅大臣，家中富于收藏。王时敏从小学画，潜心研习宋元名迹，曾为董其昌、陈继儒所赏识。崇祯初年，王时敏以荫仕至太常寺奉常，成了"位列禁廷侍从"的官员，因而又称"王奉常"。明末王时敏曾在太仓迎清兵入城，故深为清廷优遇。

不过，王时敏入清后却退隐林下，既不受南明政权征召，也不仕清廷，唯专注于艺文之事。除擅画之外，王时敏工书，能诗文，著有《西田集》《西庐画跋》行世。王时敏明确主张甄不在形似，而在笔墨之妙。在具体的创作中，他特别突出了"虚而沉""嫩而苍"的笔墨特色。下笔松灵秀逸，笔道柔润，很少焦墨皴擦，淡墨烘染多与轮廓浑融相接，没有板、硬、滞、滑等弊病，又能得宋元山水画中浑厚朴茂之气象。他那种既苍劲又清润的韵致，影响了一大批画人。其孙王原祁，固然得传衣钵真谛，而王翚、吴历也出自他的门下。因此，论"四王"的影响，当首推王时敏。

从现存作品看，王时敏更多继承了元四家的笔墨，尤得益于黄公望。据传他早年曾把古代名迹仿摹缩小，计24幅，装裱为一册，随身携带，便于观摩揣度，可见他的良苦用心。王时敏享年89岁，而他各个时期的作品都有着不同特点。王时敏早年之作多有临摹宋元古画原迹的痕迹，中期则出现了较为工细清秀的特征，是追从董其昌并效法黄公望所致。晚年则用笔含蓄，勾线空灵，皴擦则繁简浓淡相间，体现出一种既苍润又松秀的天然神韵。

王时敏作为一位画家，更多地选择了与绘画规律关系更大的"笔墨语汇"作为追求目标。他的身份、学养也使他具备追求绘画语汇的能力，他将这种能力运用到对历史上经典绘画语汇的总结与应用上。在当时的条件下，这是一种对绘画发展的必不可少的创造，王时敏的重要贡献正在于此，"四王"的基本追求亦莫过于此，这点在王鉴的创作道路上体现得更充分。

王鉴（1598—1677年），字玄照，后改字元照、圆照，号湘碧、染香庵主等，江苏太仓人。他是著名文士王世贞的长孙，与王时敏为子侄关系，年岁亦相仿，常一同切磋画艺，因而颇多相近之处。王鉴本为明崇祯年间举人，官廉州（今广西合浦）知府，因开罪上司，明亡前已罢官归里，入清后不仕，专注于山水画创作。63岁时，他在祖父王世贞的弇山园北盖了两间居室定居，王时敏为之题了"染香"二字，王鉴于是自署"染香庵主"，以绘事终老。在"四王"当中，王鉴尤以仿古临古见长。他长于青绿设色，擅作烘染，自有一种浓丽清润的特色。

在艺术创作观念上，王鉴与王时敏最为接近的地方，在于对前人笔墨范式的关心胜于真实的自然山水。因而更具符号化、秩序化特色。显然，这是一种"述而有作"，学古人而有所变通的创作方式。晚年的王鉴，诵经念佛，焚香作画，直到年事已高，仍临古不辍。因此，其画风更显工致秀润，条理清晰，精整妍雅，体现出他着力仿效宋元诸家，并蓄兼纳的特点，也显示了其涵养功力均能胜人一筹的造诣。

他俩为"四王"笔墨的"精深"与"博大"奠定了基石。王翚与王原祁是"四王"中年龄较轻者，他们继承了王时敏与王鉴的风格，完成了既有个性又有极强的总体风貌，并有明确艺术主张的统一画风，成就了"四王"在清初画坛的正统地位。

王原祁是王时敏长孙，在画风上与王时敏一致，以追踪黄公望为主，不过王原祁在笔墨方面有更进一步的总结和创造。王翚则继承了王鉴博采宋元诸家的创作路数，成为中国山水画自宋元以来笔墨发展的真正"集大

153

成者"。

王翚（1632—1717年），字石谷，号耕烟散人、乌目山人、清晖主人、剑门樵客等，江苏常熟人。曾先后为王鉴、王时敏弟子。40岁以后，遍学各家技法并熔铸于一炉，以清丽深秀风致出之的艺术风格，深为时人推崇。

王翚60岁时，宋骏业奏请招募天下善绘者入京绘《南巡图》，康熙特命王翚主笔。皇上赐书"山水清晖"四字，这也是他后来自称"清晖主人"的缘由。王翚的从学弟子众多，迄今尚见诸画史记载的，便有80人之众。

在"四王"之中，王翚画风的主要特征虽并没有超出与其他"三王"一致的共同趋向，但法度严密，精整清丽，显得较为别致。

"四王"之中，年纪最小的是王原祁，而当时名声最著、职位最高的也是王原祁，他对"四王"画风能成为画坛正统起着决定性作用。

王原祁（1642—1715年），字茂京，号麓台、石师道人，江苏太仓人。他是王时敏之孙，康熙九年（1670年）进士。入仕后供奉内廷，曾为宫廷作画及鉴别古画，奉旨与孙岳颁、宋骏业等人编纂《佩文斋书画谱》，任总纂辑官，又为《万寿盛典图》总裁、户部侍郎，故又称"王司农"。

王原祁克承家学，擅画山水，取法"元四家"，喜用干笔积墨画法，尤专注于黄公望，且特别喜爱浅绛一路画法。经数十年力学，其技艺在60岁以后已达到炉火纯青的境界。其所作用笔沉着，层层皴擦，干笔重墨，自具特色，他自己称笔端有"金刚杵"。在具体制作当中，王原祁常采用长达十天半月的制作方法，先笔后墨，连皴带染，由淡及浓，自疏入密，中间还反复用小熨斗熨干，一次又一次勾勒点染，层层叠叠，最后以焦墨破醒，达到画面浑厚融和的效果。总而言之，王原祁的笔墨在集前人大成的基础上，更达到了一种极致，他的作品，堪称文人山水画的高峰。

王原祁官高权重，声名显赫，今天画史所记王原祁弟子及属其传派者，便有110余人之多。他所创立的"娄东派"与王翚所创"虞山派"，同为

"四王"之后最有势力的画派，无论在野在朝画家，都受到这两派画风的影响。其后出现的"小四王""后四王""画中十哲"等，所延续的仍为"四王"流风余韵。

概括说来，"四王"笔墨形式、语汇造诣各有所成。王时敏老成持重；王鉴临古功力颇深，且路数较宽，他的运笔沉着，用墨浓润，自成面貌，而于青绿重色一格，则更是独有心得；王原祁喜用干笔重墨，善于删拨大要，从繁中取简，又善于积淡为浓，求得融浑效果。在"四王"当中，王翚无疑是技法最为多变，功夫最为纯熟，造诣最为突出的。他能融化南北两宗笔墨丘壑于一炉，气韵生动。功力既深，作品又多，也结合描写现实的景物，比较有生气，有趣味，有明快感。

花鸟名家：恽寿平

恽寿平（1633—1690年），原名格，字寿平，后以字行，改字正叔，号南田、云溪外史、白云外史、东园客、草衣生等。江苏武进（今常州）人。恽姓在当地为望族，恽寿平祖上多在明朝为官，父亲恽日初曾携寿平参加南明的抗清斗争，在战乱中失散，寿平被俘，被清军浙闽总督陈锦收为养子。一日，偶与在杭州灵隐寺隐居的父亲相遇，该寺住持具德和尚设法使寿平脱身，父子终得团圆。据传，清初戏剧家、王时敏第五子王抃曾以恽寿平的坎坷经历为素材，编为《鹫峰缘》杂剧以传之。

恽氏一生不应科举，以遗民自居，家贫以卖画为生。由于其所作技艺高超，自成一格，大江南北，极为推崇，时人诩为"写生正派"，为清初最

具影响的花鸟画大家。

终其一生，恽寿平都离不开流离颠沛和穷苦困顿，不过，无论如何郁郁不得志，他仍然体现出刚正不阿的高洁品格。

恽寿平在花鸟画上取得独创性的成就，以彩墨交融、点染并施、笔墨一体的"没骨法"而光耀后世。实际上，这是自元代所重视的"写法"在花鸟画中全面发展的结果。

恽寿平所画花鸟，清新淡雅，形神兼备，一望而知有新的风貌。首先，恽寿平重视对物写生，力求形似。另一方面，对于艺术创作和鉴赏，他也有自己鲜明的见解，既重视工、似、佳的不同追求，又重视"情"在创作中的重要作用。这样，就把艺术之所以能动人的奥妙，以及艺术创作与鉴赏的根本关系，都用自己的语言作了一个言简意赅的概括。

在花卉的表现中，恽寿平创造了独特的技法。他巧妙地运用水与色相互作用的关系，恰到好处地在色中施水，这种色染水晕的技法进一步丰富了"没骨法"的表现力。他画花卉，渲晕点染颇富机趣。点花时往往粉笔带脂，点后复以染笔覆之，前人未传此点染同用之法，是其独创。他所画的菊花、凤仙、山茶诸花，颜色皆从瓣头染入，亦与世人画法迥异。其枝叶虽多用写意之法，亦多以浅色作地，以深色分染主筋。而其用粉之法也颇具特点，粉色从瓣尖染入，若一次未尽腴泽匀和，则再次补足，然后以脂色自瓣根染出，色与粉交融会合又相互衬托，故花头圆绽而不扁薄。恽寿平以他这种独特的技法，推出了独创的没骨花卉画，明丽秀润，清新淡雅，开创了一代新风。

有人曾就恽寿平传世作品，统计他曾画过的花卉题材，发现各种品类超过百余种，这在花鸟画家当中是罕见的。题材的广泛，反映出他技法的多方面适应性，也应当是技法成熟的标志之一。更进一步，从艺术思潮变迁的角度而言，恽寿平的最大贡献，在于以其秀雅之笔改变了院体花鸟画中普遍存在的拘谨、刻板、纤巧以及过分绮艳的脂粉之态。恽氏的注重写生、为花传神，以及在技法上的独特创造，目的都在于传达高逸淡雅的意趣，这是与绮艳浓丽的俗见不可同日而语的。他即便不作勾勒，纯以五彩赋染而成，其宗旨仍在于"洗脱宋人刻画之迹，运以虚和，出之妍雅"。一种文人画家的气质、素养以及审美意趣，在此历历可见。正因为如此，恽氏在人生及艺术上都体现了传统文士的高逸之风。

艺术的创造并不拘泥于法式的突破与发展，更重要的应是品格的追求与风格的创造。在山水画走向成熟而初现程式化局限之时，花鸟画的发展离不开新法式的创造与探索，恽寿平对"没骨法"的再创造与完善，正是这个时期花鸟画发展的关键之一。因此，他在法式上的成就更易于引人注目，也引起了众多的评说。恽寿平肇启"写生正派"的一代花鸟画新风，从其学者甚众。

知识链接

清初恽寿平绘画作品市场行情

恽寿平初画山水，后改为画花鸟，成就很大，开创了一代花鸟画风，在美术史上占有极高的地位。目前国际市场上出售的作品几乎全部是花鸟，其中册页的价格较高。1990年，他的《花卉》十开册页，最后成交价为4万美元；《杂册》六开册页，成交价为1.5万美元；而扇面《竹石菊花》则以1500美元成交。1991年5月，他的《花果》八开册页，以8800美元成交；扇面《松树》，成交价为3575美元。1991年11月拍卖的《层峦烟树》立轴，以1.76万美元成交。

笔墨创新之典范：石涛

清初"四僧"是指石涛、八大山人、弘仁与髡残。他们都有遁入空门的经历并潜心艺事取得了卓越的成就，成为清初画坛上最特殊的一群人物。画史多将"四王"与"四僧"并称，分别列为"正统派"与"在野派"的代表人物，分别代表正统的"集成"规矩画风与叛逆的"求变"创新画风，成为后世不同追求的艺术楷模。

在"四僧"中，石涛与八大山人的成就与影响较大，他们又都是明皇室宗族后裔，各自有着传奇式的人生经历与不同的人生追求，加之不同的禀赋与气质，形成了鲜明的艺术风格与杰出的艺术成就。总的来看，石涛较丰富、全面，善经营能趋古，更生动而近俗，因而对后世影响较广，其理论著述开了一代新风。八大山人则较深刻、孤峭，语汇精练独特、奇古而深邃，往往成为后世笔墨创新之典范，受到高人雅士的格外推崇，其简约的笔墨也成为不少民间美术取法的对象。

石涛（1642—1718年），原姓朱，名若极，小字阿长，广西全州人。明靖江王朱守谦，本为明太祖朱元璋的曾孙，藩邸在桂林，守谦子朱赞仪袭封靖江王。石涛则是朱赞仪的十世孙，其父朱亨嘉在南明隆武（1645—1646年）时于广西自称"监国"，在南明内讧中被杀。石涛尚幼，由内官救往全州。全州是湖南湘水源头，又名清湘或湘源，这便是石涛后来以"清湘"为号的由来。

石涛年纪尚小，遭此变故，为避难求生唯有与师兄喝涛出家为僧，法名原济，又作元济，号石涛，又号苦瓜和尚、大涤子、清湘陈人、瞎尊者等。他出家做了和尚，便潜心求道。明清之际，江浙一带多名刹高僧，因此他和师兄喝涛由全州出发云游各地。他们出潇湘，越洞庭，到达江西的庐山，并在开先寺小住了一段时间。其后又往江浙访道交友，与明末东林党巨子钱谦益就是在这段时期结识的。一段云游经历之后，他们在安徽敬亭山住下，并和梅清结为知己好友。石涛在宣城隐遁山野的日子，生活虽然很清苦，但他在敬亭山与黄山之间往来，有许多诗画挚友相互切磋，对滋养他的艺术有很重要的意义。"搜尽奇峰打草稿"的艺术观，便在他这一段云游的经历中奠下基础，这直接影响了他的艺术道路。

　　康熙十九年（1680年），石涛已届中年，由宣城移居南京。他在城南的一枝寺（庵）里，一住就是八九年。

　　这一段时间，石涛曾两次拜见康熙帝，并北上京师，广交达官显宦，作画赋诗，寻找出人头地的机会。且与王原祁成为好友，不时合作。晚年居扬州卖画授徒，生活颇为舒适。他在临溪建大涤堂，家中经常高朋满座。现存的扬州何园中，尚存有石涛叠石造园之遗迹。在这种平静闲适的生活中，石涛于70多岁时终老于扬州。他于绘画上，兼长山水、兰竹、花果、人物，尤以山水成就突出。其恣肆纵放的笔墨和苍莽清奇的境界，对扬州画派及以后中国画的发展，都产生了不可低估的影响。

石涛兰花绘画

但是，作为一个画家，石涛并无一种不摧眉不折腰的铮铮品格，在世俗名利的羁绊之中，他是抑郁和痛苦的。他的艺术，既有他那聪慧禀赋与深厚功力的影子，也有他那多变人生与无奈选择的内心逃逸。

石涛在早期创作活动中能强调以自然为本，以造化为师，且反复身体力行，当然会带来一股新风，同时也造成了一种不够成熟的法式。因而，石涛以"草稿"二字突出了他创作的宗旨，以"搜尽奇峰"强调了他的创作过程。他知道这类作品的不足与它们不可替代的长处，他亦深知自己艺术风格与个性的形成与这些作品不可分割。因此，他不但乐于此道且以此自诩。这一主张以及他这一段时期的绘画实践，为他后来的艺术道路与成就确立了独特而生动的基调。

后来，石涛寓居南京乃至北抵京都与书画名家、达官显宦交游，这一段舒坦豁达、识见宽广的经历，显然使他的素养更为丰厚，艺术更趋成熟。石涛晚年定居扬州，收徒著述，他的山水画创作则进入了第三个时期。日渐安定的生活与日渐繁荣的社会，加上步入暮年的人生认识，使他的作品有一种理性的成熟与入世的法度，这对石涛的艺术来说是一种必不可少的梳理、回顾和总结。深邃的认识与世俗的需求在他的作品中化成了一种新的法式与雅俗共赏的情趣。

作为一代大家，石涛复杂的精神世界，强烈的创造精神，深厚的笔墨功力，以及对山水性情的观察领悟，都一一形诸笔端。生活在清朝的几十年中，石涛的心情是甚为矛盾的，他的作品包含了伤感、惆怅、牢骚、愤懑，不一而足，当然也有平和乃至得意之情。画为心迹，他的作品也就从形式到意蕴都体现出特别的多样性。这样变化多端的面目，在一个画家身上而能面面兼及，且能独到，实属不易。

石涛的创新精神、艺术主张与他自己的画法是高度统一的；另一方面，石涛那样强调"法自我立"，又建立在对前人技法传统的认真学习继承的基础上。他将这些认识著成《画语录》一书，将中国画的理论推向了一个新的高度。

石涛 73 岁时写了一首自况诗："五十年来大梦春，野心一片白云间。今生老秃原非我，前世衰阳却是身。大涤草堂聊尔尔，苦瓜和尚泪津津。犹嫌未遂逃名早，笔墨牵人说假真。"他的期冀，在冷酷的现实面前碰得粉碎。一生心事，满腹苦痛，内心矛盾，世事蹉跎，尽在图画之中，读之可嗟可叹。

知识链接

石涛绘画作品市场行情

四僧是指弘仁、八大山人（朱耷）、髡残、石涛，前三位的存世作品数量较少，石涛的较多。这里我们主要介绍石涛作品的市场行情。

八大山人的绘画作品在当时影响并不大，但是对后世绘画的影响是深远的，清代中期的"扬州八怪"、清代晚期的"上海画派"以及现代的齐白石、张大千、潘天寿、李苦禅等巨匠，都是受到他的熏陶。他的绘画不易模仿，传世作品不多，海外市场很少能看到他的作品，在美术史上占有极为重要的地位，一般收藏他作品的不管是公共的博物馆还是私人，都不会轻易出售。现在见到的出售作品只有很少几件，1990 年 11 月纽约佳士得拍卖行拍卖过他的《描石图》轴，以 1.8 万美元成交。1991 年 5 月 29 日，纽约苏富比拍卖行拍卖过两幅，《爱莲说》以 1.32 万美元成交，《荷花》轴拍到 34 万美元。1991 年 11 月 26 日，纽约佳士得公司又拍卖了一件《花鸟册》，价格达到 60 万美元。1992 年 6 月，他的《行书乐苑》手卷以 26 万美元成交，另一幅《竹子》以 2.3 万美元成交。

石涛的传世作品很多，民间也有不少他的作品，但大多不是精品。精品主要藏于北京故宫博物院和上海博物馆，现今的艺术市场上已经不大可

能看到了。1990年11月，佳士得公司在纽约拍卖过两幅他的作品，《书画册》卖到5万美元，《临流独啸》轴卖到2.6万美元。1992年6月纽约又出售过几幅他的作品，价格大有上升，但是作品本身的质量不一，其中一件比较好的作品《松壑飞泉》立轴卖到51万美元，另一件《先春图》手绢卖到36万美元。

画坛群雄："扬州八怪"

"扬州八怪"是对清代中期一批著名画家的总体称谓。在以往各家论说中，人名略有出入。按较有代表性的六种说法统计，人数计有15人之多。但论述清代中期扬州画家，当推华嵒影响更早、更大也更深远。

1. 华嵒

华嵒（1682—1756年），字秋岳、德嵩，号新罗山人，又号白沙道人、东园生、布衣生、离垢居士等，福建上杭人，少年时曾为造纸作坊徒工。性爱绘画，据传他小小年纪便在白沙村华氏宗祠厅壁绘画四大幅，深为乡人赞许。青年时离开家乡到景德镇瓷器作坊作窑瓷画工，后再辗转往江苏、杭州一带，长期寓居扬州卖画为生，晚年移居杭州至辞世。

华嵒才艺过人，山水人物花鸟草虫走兽无所不精，所画花鸟最负盛名。

华嵒的花鸟画能取陈淳、周之冕及恽寿平诸家之长，形成兼工带写的小写意手法，以机趣天然见长。他重视写生，构图别致，敷色鲜嫩不腻，枯笔干墨淡彩兼施，格调松秀明丽，诗趣撩人遐想，因而能在花鸟画上创新风气。

扬州画家受华嵒影响者为数不少，直接师承华嵒的，如女弟子汪琏、寓居扬州的张四敏、徐冈、徐泽、沈焯等人，均有名于时。

2. 金农

金农（1687—1763年），字寿门，号冬心，又字司农，号稽留山民、曲江外史、昔耶居士等二十余个，浙江仁和（今杭州）人，久居扬州。50岁科举不中就再无心功名，遂寄情于画。晚年寓居扬州鬻文卖画，生活时见困窘潦倒，抄佛经，贩古玩，刻砚铭，写灯笼，绘画片各种活计都做过，还请袁枚推销他所画灯片。有时也时来运转，"岁得千金，亦随手散去"。至晚年更生出世之想，寄居扬州三祝庵和西方寺，写经之暇，画佛为事，最后穷困而死。

他初到扬州，先以诗名震于一时。书法工隶、楷，以朴厚见长，更自创一格，称为"漆书"，特具奇古茂密的意味。篆刻得秦汉法，收藏金石文字达千卷。在绘画上，他没有囿于题材、样式的技巧法式羁绊，于山水人物佛像鞍马花卉蔬果无一惧色。而且每落笔便不同凡俗，造型奇特，构景别致，面目多变。今存金农作品，大致可分为比较工整或趋向生拙两大类。所画梅花尤为功力深厚，淡墨枯笔，繁花密枝，尤见胆识气节。

在传世的金农作品中，有一些是他的弟子罗聘、项均和童子陈彭代笔，由金农题识以为应酬，金农对此并不隐讳。

3. 罗聘

罗聘（1733—1799年），字遁夫，号两峰，又号花之寺僧、衣云和尚等，原籍安徽歙县，迁居扬州。24岁随已经71岁的金农学画，为"扬州八怪"中最年轻者。他与金农一样，一生布衣，性喜游历，酷好金石。在绘画上，人物、山水、花草、梅竹，无不臻妙，深得金农神髓。能承继师法又自成风格，常为其师代笔，金农在《自写真题记》中称赞罗聘笔"无毫末之舛"。他的技艺很全面，作品题材广泛。尤擅画梅，有论者认为他"生平所得力，全在梅花枝"。画梅所体现出来的笔力和纵横放逸，已成为罗聘的艺

术特色之一。其妻方婉仪、子允绍、允缵均擅画梅,被称为"罗家梅派"。

他也画过《丁敬像》轴以及一些佛像,也有更多花果题材作品传世,则大多突出了罗聘那种朴茂奇崛的韵味。

罗聘所作的《鬼趣图》,堪称别开生面。在不同的画幅中,他穷形造相,画出各种诡状殊态的鬼魅,醒世警俗,极具讽刺意味。当时就轰动文坛,名流如蒋心余、翁方纲、姚鼐、钱大昕、蒋士铨、袁枚等争相题咏者多达百人。罗聘独特的笔法,开启中国近现代漫画之先声。

4. 郑板桥

"扬州八怪"中更具盛名与影响力的代表人物当推郑板桥。郑板桥(1693—1765年),名燮,字克柔,号板桥,祖籍苏州,明洪武年间先人迁居兴化,遂为江苏兴化人。他四岁失母,由乳母费氏抚育,自幼天资奇纵,颖悟过人,又勤读诗书。应试科举,为康熙秀才、雍正举人、乾隆进士。50岁时任山东范县知县,数年后又调任潍县。时值连年灾荒,以致"人相食",他多方设法赈济而得罪豪绅,遭诬告而被罢官,60岁以后在扬州鬻画为生。卒年72岁。

在潍县为官七年,郑板桥廉明清正,后当地民众在潍县海岛寺为他建立生祠。他在送给山东巡抚的《风竹图》上题诗云:"衙斋卧听萧萧竹,疑是民间疾苦声;些小吾曹州县吏,一枝一叶总关情。"这种胸襟和情怀实不多见。郑板桥离官时,据传只有三条毛驴,除了他和仆人坐骑各一头,另一头驮着书籍和阮琴,正所谓"三绝诗书画,一官归去来"。在"扬州八怪"当中,郑板桥是百姓最为乐于称道的一家。

同时,在扬州画坛诸家中,他又可说是思想最活跃、作品风貌最鲜明也最突出的人物,诗、文、书、画均能在历史上占有一席之地。他的诗,创意新奇,明白晓畅,一反清初格律诗囿于韵格的拘谨。他批评王维、赵孟頫等人:"试看其平生诗文,可曾一句道着民间痛痒?"郑板桥的《潍县竹枝词四十首》，在清代文学史上，亦有一席之地。对他的词，论者评价很高，认为"词犹胜于诗，吊古撼怀，激昂慷慨，与集中家书数篇，皆不可磨灭文字"。在书法上，他折中行书与隶体，非古非今，纵横错落，瘦硬奇峭，自成体貌，人称"板桥体"，他则自诩为"六分半书"。

在绘画上，郑板桥也有着鲜明独特的个人风格。他最长画兰、竹、石，偶也作松、梅、菊花等。题材虽少，画风却能于单纯中见丰富，精神专一，情感真挚坦荡，往往有一种沁人心脾的艺术感染力。在笔法上，他以草书中竖长撇法画兰写竹，笔力劲峭，体貌疏朗，做到多不乱、少不疏，历来被人推为以书入画的典范。总而言之，郑板桥特别强调表现"真性情""真意气"，强调书画同源共理，强调诗画相结合，更强调诗文书画与高迈的文人品格、凛然的君子气节贯通融合，把文人画的特征发挥到了淋漓尽致的境地，对近代以及现代中国画坛影响甚大。

郑板桥的存世作品中，以竹石、兰竹、梅竹题材居多，也最能体现他的艺术特征。

除郑板桥外，"扬州八怪"中做过七品县官的还有李鱓和李方膺。他们去官后也在扬州以鬻画卖文为业，在艺术观上和郑氏亦有相近之处，三人并相友善。

5. 李鱓

李鱓（1686—1762年），一作李觯，字宗扬，号复堂，别号懊道人、墨磨人、木头老子、衣白山人等，江苏兴化人。在宦海仕途上，他"两革科名一贬官"，一波三折，崎岖经历，不能不使他的人生理想大受打击，无奈之下唯有走上"穷途卖画"的道路。

从风格上说，他的作品下笔劲健，随意挥洒而自具理趣，而且个人面目很鲜明，作画纵横驰骋，不拘绳墨而多得天趣，最能体现他"水墨溶成奇趣"的个人特色。

6. 李方膺

李方膺（1696—1755年），字虬仲，号晴江，别号秋池、抑园等，江苏南通人。官场生涯之沉浮起落，使他深感世态炎凉。终于，他不再返回仕途，而往来于南京、扬州卖画为生。他擅人物、山水，尤长于花卉虫鱼，晚年最喜画梅。

7. 其他

在被列为"扬州八怪"的众多画家中，成就较突出的还有：

汪士慎（1686—约1762年），字近人，号巢林、左盲生等，原籍安徽歙县，居扬州卖画为生，尤爱梅花，所画梅花，多以清健隽永之笔出之。有"铁骨冰心"之称。

高翔（1688—1753年），字凤冈，号西唐，又作犀堂、樨堂，江苏甘泉（今扬州）人，早年曾随程邃学画山水。终其一生，均以卖画为业。

黄慎（1687—1768年），字恭寿、恭懋、菊庄，号瘿瓢子、东海布衣等，福建宁化人，寓居扬州。早年家贫，放弃举子业而习画谋生，与郑板桥为莫逆之交。黄慎最为人称道的是人物画，所作多取神仙故事及士大夫生活题材，也画纤夫、渔民、樵子、乞丐，曾画过逃荒者流落街头的《群丐图》。他的人物画笔法奔放，善于捕捉人物神态，技法特征很鲜明。但其衣纹描法用笔过繁，形同绞索，失之累赘，画格不古。

高凤翰（1683—1748年），字西园，号南村，晚号南阜老人，山东胶州（今胶县）人。曾任安徽歙县县丞、绩溪县令。在任泰州巡盐分司时被诬入狱，后无罪释放，但右手已废，改以左手作书画，客居扬州卖画谋生。画法偏于工细，晚年趋放纵恣肆，气韵苍劲老辣人所不及。

边寿民（1684—1752年），初名维祺，字颐公，号渐僧、苇间居士等，江苏山阳（今淮阴）人。少以文名，工诗善画，尤以泼墨芦雁驰名于江淮间。

程邃印派

程邃（1602-1691年），字穆倩，号垢区、垢道人、青溪朽民、野全道者、江东布衣，安徽歙县人，住扬州。早年从黄道周、杨廷麟游，是一位很有民族气节的书画篆刻家。

他生活在明末清初的动荡年代，平生嫉恶如仇，爱交仁义之士，具有民族气节。早年从黄道周、杨廷麟游，不肯应贤良诏；在任杨廷麟幕僚时，因议论朝政，被流寓白门（今南京）十余年。甲申年间（1644年）阮大铖、马士英掌握朝中权柄，大兴党狱，程邃始终不与他们为伍，又因议论"马士英眼多白，必乱天下"而遭迫害，险些丧命，后来只得隐身匿迹。明亡后，寓居扬州，以书画篆刻自娱。著有《钟鼎款识》和后人摹刻《古蜗篆居印述》传世。他博学多能，作为一位闻名遐迩的篆刻家，又能诗工画，均有很深造诣。他绘画纯用枯笔渴墨，干皴中满含苍润，简单中富含重重变化，在画界自成一格，是清初画坛宗师；作诗幽涩精奥，其诗稿《萧然吟遗》曾遭禁毁。

程邃篆刻初宗文彭、何震，学朱简，后博采众长，融会贯通，摒弃陈陈相因，久无生气的"明人习气"。参合钟鼎古文，出以离奇错落的手法，创凝重古拙之风格，对印学更有所发展，成为明末清初篆刻艺术领域的一面旗帜，奠定了皖派的基础。

他首创的朱文仿秦小印，以钟鼎款识大小篆合一，并得秦汉印章法，

使篆体结构达到疏密有致、离合有伦的境界。白文印粗犷朴厚，厚重凝练，深得何震法，尤为传神。程氏篆刻风格对其后的邓石如有一定影响，是后期皖派的代表人物。

程邃是歙县人，历史上人称为"歙派"，与巴慰祖、胡唐、汪肇龙合称"歙四家"。据说他的创作态度极为严肃，每作一印必求精到，稍不如意，则磨去重作。可惜印谱失传，只能通过其书画所钤印记来一窥其风采。如"程邃之印"，以冲刀代笔，运刀取法汪关，凝重过之，充分表达笔意。印文大小一致、疏密均衡自然，方中寓圆，不露圭角，气势雄浑开阔。"穆倩"朱文印，以钟鼎款识之大篆参合小篆入印，章法严谨，笔意奇古。既古朴凝重，又清新自然。

黄牧甫与黟山派

黄士陵（1849—1908年），字牧甫，一作穆甫，晚号倦叟、黟山人，倦游窠主，安徽黟县人。精通文字学，擅长书画，有《黄牧甫印存》传世。

黄牧甫从小就喜好篆刻，八九岁即操刀治印。十四岁时，由于战乱，家园被毁，父母相继去世，他只好到南昌谋生。在南昌，曾以照相为业，二十八九岁出版了《心经》印谱后，其篆刻艺术为世人所知，于是走上了鬻印的生涯。1882年，他从南昌移居到广州，在那里，他结识了将军长善及其儿子志锐等社会名流。在他们的推荐下，1885年，到北京国子监进修。这既是他生活更是他篆刻艺术发生变化的重大转折点。在此之前，他的篆刻作品多取法邓石如、陈曼生、吴让之等人，虽然形神兼备，但还没有自己的风格。在到北京前后，由于名流的褒扬，不仅鬻印收入较丰，社会地位也有所提高，他开始追求篆刻创作的个人风格，作品面貌逐渐发生了变化。尤其是在北京国子监期间，他参加重摹宋本《石鼓文》的工作，致力于金石学的研究，在吴大澂、王懿荣等名家的指点下，开始了印外求印的探索。无论钟鼎、古陶、诏版、权量、钱币、镜铭、砖瓦还是秦汉魏晋的碑刻，连前人不敢问津的隶书都大胆地引入印章的创作，表现了他不满足于摹拟的求变创新精神。四十岁以后，黄牧甫终于形成了自己"于平正中见流动，于挺劲中寓秀雅，既无板滞之嫌，亦无妄怪之失"（见马国权《黄牧甫印谱序》）的篆刻风格，开创了黟山派，成为开宗立派的一代篆刻宗师。

黄牧甫篆刻以平易正直光洁挺拔为主要特征。他的作品无论是朱文印，还是白文印，都没有故意制造的残损和毛糙。他在"师实长年"的边款中说："此牧甫数十年石中不得一之作也，平易正直，绝无非常可喜之习，原茗柯珍护之。"由此可见他篆刻创作的追求。黄牧甫的过人处在于平中见奇，以光洁的面貌追求古意。他的篆刻作品"平易正直，绝无非常可喜之习"，初看很少有拍案叫绝之作，但作品平实质朴的气息，却耐人寻味。

黄牧甫篆刻风格的形成有多方面的原因。首先是与他的对古代印章的审美观和审美取向密切相关的。古代印章残损所造成的美感，在印坛已经形成了一种共识，似乎只有残损，篆刻作品才能有古意，有金石味。据说明代文彭刻完印章之后"置之椟中，令童子终日摇之"，这种做法在今天看来虽然可笑，但在当时也是一种可贵的探索；清代的篆刻家又前进了一步，用各种刀法"作古"，浙派、吴派多是如此。尤其是吴昌硕的印章，残损是其创作常用的手法。值得注意的是，黄牧甫与赵之谦、吴昌硕是同时代的人。在他篆刻的摹拟阶段，曾学邓派、浙派和赵之谦等名家，偏偏不见吴昌硕的影子。他最服膺赵之谦，在他的印章边款中，我们可以看到他对赵之谦的赞

誉。如："仿古印以光洁胜者，唯赵叔为能，余未得其万一"。"赵益甫仿汉，无一印不完整，无一画不光洁，如玉人治玉，绝无断续处，而古气穆然，何其神也"。他还提到过隶书大家伊秉绶，他说："伊汀州隶书，光洁无伦而能不失古趣，所以独高。牧甫师其意"。由此可见他对"光洁"的看重。对"光洁"的看重，使他一改丁敬以来印人惯用的切刀为酣畅爽快的冲刀，但他的冲刀又不同于吴昌硕的横冲直撞，而是轻行浅刻，线条一气呵成，全印奏刀立就，绝不作断断续续的刻划和三番四复的改易，很好地表现出"光洁无伦"的效果。但是，"光洁"只是一种表面现象，只是作品的表现形式之一，虽然这种形式使黄牧甫的篆刻与当时印坛流行风格拉开了距离，但赖此还并不能成为一代大家，更不能成为创立新派的开山祖师。因此"古趣"才是他得以成功的实质。虽然表现为"平易正直，绝无非常可喜之习"，但是这"平易正直"却既不是古人的，又不是今人的，而是黄牧甫殚思竭虑，苦心经营而创造出来的。这主要表现在印文的篆写、印章的布局两个方面。

  黄牧甫在印文的篆写上力求简洁明快：印文的线条不作盘曲，而是直来直去；印文有繁简不同的结构时，则多取简体，并且大胆地将隶书、楷书的结构加以改造，运用在印章之中。如"晋敦馆""玉堂宝书""息盦所得金石"中的"晋""宝、书""盦"等字，都取简体，"澂绮园藏碑记""光绪二十一年进士""延年益寿"藏中的"碑""光""延""年"等虽然非篆、非隶、非楷，但都质朴大方，十分简洁。在布局上，黄牧甫更倾注了满腔心血，印稿常常数易甚至数十易其纸，极尽疏密、方圆、欹正之变化，以求平中见奇之妙境。如"苏园所藏""施庵诗草"前者左疏右密；后者四周密，中间疏，上下左右又有疏密呼应，"也"部和"今"部的圆笔与"草"字的上下错落更使全印妙趣横生。他创作了不少字数繁多的鉴藏印，"多字印排列不易，停匀便嫌板滞，疏密则见安闲"

（黄牧甫边款语）。从"南海康氏万木草堂书藏所藏"可见其多字印布局的高妙，十二个字作三行排列，极易平直呆板，而他以"木""草"调济，犹如画龙点睛，激活了全印。

黄牧甫一生主要活动于广州、南昌、武汉一带，对这些地区尤其是岭南的篆刻有较大的影响，形成了黟山派，近代著名的篆刻家乔大壮、李尹桑、冯康侯、邓尔雅等人都是黟山派中的佼佼者。

"浙派"印刻文明

清初以来，篆刻艺术的发展承明代之绪，呈现出欣欣向荣的景象，地域的扩展、人员的增加、流派的繁衍诸方面都胜过前代。但是，篆刻艺术的发展在经过清初的调整、强化之后，延及清代中叶，飞鸿派工细、顾少臣之秀媚，流为习尚，尤其是有着深厚文化底蕴的两浙一带，"久沿林鹤田派"。印人眼光近视，取法不高，刻印追求装饰、不讲法度，相沿成习，颓风日盛。对此，丁敬有清醒头脑，他说："近来作印，工细如林鹤田，秀媚如顾少臣，皆不免明人习气，余不为也。"（丁敬"江山风月"印款）高积厚也指出："近之作者，师心自用，妄窜偏旁，配合不偶，盘曲漫加，鲁鱼亥豕之讹，尚未审订，而鸟迹钟鼎，秦文汉篆，懵焉莫辨，甚至附会名目，强立体格，风斯下矣。"（清·高积厚《印述》）丁敬就是在这一不得不变的背景之下登上历史舞台的。

丁敬（1695—1765年），字敬身，号砚林、钝丁、龙泓山人等。浙江钱塘县（今杭州）人。乾隆《杭州府志》载："敬身少不习举子业，年甫冠始折节读书。为诗造语奇崛，好金石文字，穷岩绝壁手自摹搨，证以志传，著《武林金石志》。分隶皆入古，而于篆尤笃。善摹印，然非性命之契不能得一字。"

丁敬生于康熙三十四年（1695年），乾隆七年（1742年）刻金农印时48岁，上溯30年，丁敬18岁，也就是20岁左右，丁敬就立志于在篆刻艺术上超越前人，希望通过对六朝、唐、宋印中有价值的审美意象的发现，突破墨守汉印的一元审美观，丁敬终其一生的创作实践就是在这种多元审美的探索之中，拓宽了篆刻取法的领域，就其创作而言，古玺，汉印，六朝、唐、宋印章，元明印家作品无所不仿，汲取各代精华、变化出新。

丁敬作品迥异于时流最主要点在于他用刀法所表现出来的金石韵味，其刀法源自何震、朱简等人，尤其是朱简的"碎刀"对他的影响，这种刀法在运用中又称为短刀碎切，每一根线条，往往由往复几次的短印动作延续合成，其相对于冲刀刻印而言，自是不快，波磔而行，重在强化刀刻的意味，魏锡曾形象地比喻他"行刀细如掐"。掐者，用指甲按也，可见其用刀之细碎，故其面目虽多，而统一于沉稳生涩之刀法下，笔道每露珪角，锋棱毕现，章法平实稳妥，重稳轻奇，李祖望所谓："若字体结构必方。"（清·李祖望《锲不舍舍文集》卷三）一语道出其特征之所在，体现出古劲茂美的金石韵味和大家风范。

董洵有谓："杭州丁布衣钝丁汇秦、汉、宋、元之法，参以雪渔、修能用刀，自成一家，其一种士气，人不能及。"（清·董洵《多野斋印说》）汪启淑称他："直追秦汉，于主臣（何震）、啸民（苏宣）外，另树一帜……印灯续焰，实有功也。"（清·汪启淑《续印人传·丁敬传》）这对于他的开派和在篆刻发展中的重要作用予以充分地肯定。

丁敬在杭州所开创的古劲茂美的印风，一扫清初以来之妍巧之习，首先在杭州得到了回应，后慢慢传播开来，成为中国印坛延绵发展达几个世纪的一大流派，其在清代影响主要在浙江，又集中于杭州。

丁敬的入室弟子，见诸记载的有两位，一是张燕昌，一是黄易。张燕昌（1738—1814年），字芑堂，号之鱼，浙江海盐人。乾隆四十二年（1777年）优贡，嘉庆元年（1796年）举孝廉方正。据称，其"少年曾受业于丁敬身先生，初及门时，囊负南瓜二枚为贽……浙中至今传为美谈。"（小横香室主人编《清朝野史大观》）海盐相距杭州数百里，可见张燕昌对丁敬之推崇和真诚。丁敬去世的时候，张燕昌才27岁，与书中所称张氏少年受业丁敬一事相符，篆刻得丁敬亲授，为得意弟子。意趣亦同乃师，多方取法，不主一式，又以飞白书入印，心仪别出，所作萧疏宕逸，高古有致，著有《金石契》《飞白书录》《芑堂印存》等。

黄易（1744—1802年），字大易，一字小松，号秋庵，浙江仁和县（今杭州市）人。其父黄树毂工诗，黄易生而颖悟，又禀庭训，诗出家学。篆刻为丁敬的及门弟子，黄易虽比张燕昌小几岁，但他就在丁敬身侧，有更多的机会向老师求教，黄易专精于师法，浙派到他手中得以定型，以至有"丁黄"并称。奚冈亦极称之，谓："友人黄九小松，丁后一人。"（奚冈"铁香邱学敏印"印款）黄易也曾致力于搜访摹拓古金石文字，消化吸收，作品醇朴渊雅，俊逸松秀，其以隶体刻印款，一丝不苟，气韵生动，可以微缩的汉碑视之。其对刻印有"小心落墨，大胆奏刀"之心得，深得篆刻之精髓。又主张"印章与书画亦当相称。"（黄易"魏氏上农"印款语）后人将其作品编入《丁黄印谱》《西泠四家印谱》等。

而与张、黄两人同辈印人有董洵、蒋仁、奚冈等。

董洵（1740—1812年），字企泉，号小池，又号念巢，浙江山阴（今绍兴）人。其在艺术上有多方面的成就，诗书画印皆擅。年幼在乡塾时即摹

习治印,"摹印上师秦汉,旁通唐宋及明文、何、程、苏诸家,莫不精妙。"(清·汪启淑《续印人传》)董洵虽多方取法,但对他影响最深的是享有大名的丁敬,这种影响或出自他对丁敬印风的心仪,或

蒋仁篆刻印章

出自汪启淑、罗聘、丁传(丁敬之子)、蒋仁、黄易等人的中介作用,蒋仁、黄易与他之间可能还有相互间影响的因素,丁传在董洵《多野斋印说》的跋语中称其"于近代独喜临先君子篆刻,虽千里外,必邮致之,一规仿焉。每刻一印成,诧语人曰:'此真龙泓先生的派。'其雅尚如此。"可见,董洵属浙派的早期作者,作品得丁敬之真趣。所著有《董氏印式》《多野斋印说》等。

蒋仁(1743—1795年),原名泰,字阶平,号山堂、吉罗居士、女床山民等,浙江仁和(今杭州)人。蒋仁小丁敬约50岁,虽为仁和人,又与黄易交好,然未及拜丁敬为师,汪启淑《续印人传》对其阙如。其治印服膺丁敬,尝谓"……叹砚林丁居士之印,犹浣花(杜甫)诗、昌黎(韩愈)笔,拔萃出群,不可思议,当其得意,超秦、汉而上之,归、李、文、何未足比拟……"(蒋仁"真水无香"印款)又谓:"近见丁征君手制印数钮,皆臻神妙……品格如岭上白云,非胸藏万卷书不能得其畦径。此作自谓入室矣。"(蒋仁"勤斯补拙"印款)蒋仁离丁敬很近,有机会读到丁敬的作品,且与丁敬的弟子黄易等交好,可以互相切磋,共同弘扬丁敬的印艺。赵之谦尝以拙巧的多寡来衡量浙派发展的状况,其云:"浙宗见巧莫如次闲

（赵之琛）、曼生（陈鸿寿）巧七而拙三，龙泓（丁敬）忘拙忘巧，秋庵（黄易）巧拙均，山堂（蒋仁）则九拙而孕一巧。"（清·赵之谦《书扬州吴让之印稿》）丁敬是浙派初祖，其"忘拙忘巧"，神游象外，而蒋仁"九拙一巧"，十分接近丁敬的水平，故后人往往说他的印可与丁敬的作品相媲美，赵之谦甚至说："蒋山堂在诸家外自辟蹊径，神至处，龙泓（丁敬）且不如。"蒋仁刻印沉着，神韵皆妙，对丁敬所开印风有补充完善之功。其印款喜刻长跋，颇见功力。著有《吉罗居士印谱》等。

奚冈（1746—1803年），原名钢，字钝章、铁生，号蒙泉外史等，浙江钱塘县（今杭州市）人。奚冈从年岁来说，又比蒋仁与丁敬比拉开了几岁的距离。奚冈与丁敬弟子黄易等为至交，他像丁敬一样，不主一体一式，尝用《李翕》《张迁》诸碑意参刻汉印，求"笔往而固、神存而方"（奚冈"金石癖"印款）的意趣。又从丁敬作品获取灵感，尝谓："……山舟尊伯藏先生印甚多，一日出以见示，不觉为之神耸，因喜而仿此。"（奚冈"遥吟俯唱逸兴遄飞"印款）其风格疏逸隽雅，中和拙质。著有《蒙泉外史印谱》等。

浙派从创立到发展、壮大，正值康乾盛世，社会稳定，经济繁荣，它是艺术流派得以延绵发展的千载难逢的时机，故浙派经张燕昌、黄易、董洵、蒋仁、奚冈对丁敬印风的直接和间接的继承发展，已经形成了一个强大的艺术流派，他们又各自将接力棒传给了下一代。这一辈以陈豫钟、陈鸿寿、赵之琛、屠倬、杨澥、胡震、钱松等为代表，浙派实力之雄厚于此可见一斑。

"娃娃年画"的雅俗文明

康熙、雍正年间，社会祥和平安。康熙制定的教民榜，其孝敬父母、尊敬长者、和睦邻里、教训子孙、各安生理、毋作非为的圣谕，深受百姓的欢迎。生活安康，人际和好，家庭成了组成社会的重要因素，年画也以家庭生活为主要表现内容。

于是在年画中，组成家庭的女性与娃娃成为表现的主题，《莲生贵子》《福寿安康》《葫芦万代》《榴开百子》《桂序升平》《四季平安》等仕女、娃娃画大量出现。

娃娃年画最有影响的是杨柳青年画。作为宫廷供奉的年画，杨柳青年画要反映出清代帝王的思想。清朝初期，在增强国力、稳定民心、家庭和睦、多子多福的思想影响下，娃娃题材成为杨柳青年画的时尚内容。

杨柳青年画《十不闲》

杨柳青年画《十不闲》表现了六个娃娃。"十不闲"是清代中期兴起的一种曲艺表演形式，是由安徽凤阳民歌演变而来，在天津的茶馆与戏园演出。演出时演员自我伴奏，同时演员进行说唱表演。

　　年画《十不闲》为表现"十不闲"演奏的热烈场面，画面采用均衡构图，画面中间一娃娃正在演奏"十不闲"，左边三个娃娃一人吹唢呐，一人拉二胡并与另一娃娃谈笑风生。右边两个娃娃一个弹琴，一个与其说笑，画面中间的演奏十不闲的娃娃向左看的动作，使得画面中心的视觉张力向左延伸。但为了均衡画面，伸长的唢呐又伸向画面中间，使得画面的左边产生了微妙的均衡。而画面右边的两个娃娃，相对于画面左半部的人物，显得有些孤立，但错落、重叠的桌子和椅子，加强了这两个人物的纵深感。

　　桌子向内的延伸，以及两个娃娃谈笑时，弹琴娃娃向内看的表情，使得画面右半部的张力同样是向内的，从而使画面在左右搭配上产生了非常合理的均衡。而家具错落有致的摆放，更加强了画面的空间感与真实感。像是在剧场里边演奏"十不闲"，但画面里所有的演奏者都是白胖可爱的娃娃，像家里做游戏的娃娃一般，寓意家族子孙兴旺，幸福安康。娃娃年画《十不闲》色彩柔和、清新、淡雅，造型生动、工细。画面既透出了传统中国文人画的气质，也显现出西洋绘画对于中国传统绘画的影响，是雅俗共赏的年画作品。

扩展阅读　北方木版年画"杨柳青"

民间绘画是民族绘画的基础，也是民族文化意识最广泛而普遍的反映。清代由于距今时代较近，大量的民间绘画被保存，它们让我们从直观上体会到民族文化发展的基本脉络。一般来讲，民间绘画作为绘画艺术的基础形态较难分类。在此，我们将其分为民间木版年画、建筑壁画、唐卡与其他民间绘画等几个部分来论述。

木版年画是木版画中的大项。内容题材丰富，形式多样，形象完美，色彩鲜明。它是历来深受人民群众喜爱的民间绘画形式。杨柳青、桃花坞、潍坊木版年画等最具有代表性。

据统计，全国的木版年画的产地，有京津的杨柳青、炒米店、东丰台；江苏的苏州桃花坞、杨柳、南京、南通、无锡；山东的潍坊、平度、高密、泰安、兖州；河北的武强、张家口；四川的绵竹、夹江；陕西的凤翔、关中；河南的朱仙镇、郑州、灵宝；甘肃的天水；山西的临汾、长治、太原、大同；安徽的临泉、亳县、宿县、太和、阜阳、界首、歙县；浙江的杭州、绍兴、宁波；湖南的楚南滩、辰州；江西的九江、南昌；广西的柳江；广东的佛山；福建的漳州、泉州；台湾的台南等地。

其中历史最久远，出品量最多，影响力最大的要数天津的杨柳青、苏州的桃花坞和山东的潍坊木版年画。河北武强、四川绵竹等的木版年画也具有相当的影响。

杨柳青镇位于天津城西四十里，古称"柳口"，水运交通发达，景色优美宜人，市肆街景繁荣，被人们称为北方的"小苏州"。光绪年间全村有七千余户，数代相传，家家都会点染，户户皆擅丹青，是北方木版年画的重要发源地。

从留传下来的一些珍本实物看，杨柳青刻印年画之始，至少不晚于明代末期。最早最有影响的作坊有戴、齐两家。戴家经营画店，传至清乾隆年间的戴廉增，已是第九世了。从戴廉增、齐健隆两家逐渐发展为"廉增""健隆""惠隆""健惠隆""美丽""廉增丽"六大家，后又增加"宪章""增华斋""义盛和""亨通""松竹斋""荣昌"等多家。在盛期，以杨柳青为中心，周围有三十多个村庄从事年画生产，一般较大的画坊约有二百名工人进行刻制、印刷工作，有五十多个画案同时印刷。

这样，杨柳青一地每年印刷年画可达一百万张以上。在风格上受到清代院体绘画及殿版版画的影响，用线精细纤巧，秀丽柔媚，用色热烈而协调，并增加多种颜色套版，画面效果向繁密富丽的方向发展。这时的木版年画，以前不多见的整张粉帘纸大的尺幅，已经很普通了，这表明鼎盛时期的杨柳青木版年画，不仅技术上日益完善，产销量巨大，而且在艺术上也形成了明显的风格特点。

第八章

宫俗民风
——别具特色的清代生活文明

民风习俗指的是个人或集体的传统风尚、礼节、习性,是特定社会文化区域内人们共同遵守的行为模式或规范。主要包括民族风俗、节日习俗、传统礼仪等等。清朝是一个多民族时代,在这个时代,生活着50多个民族。满族是统治民族,其社会生活习俗,必然对被其统治的各民族产生深远的影响。

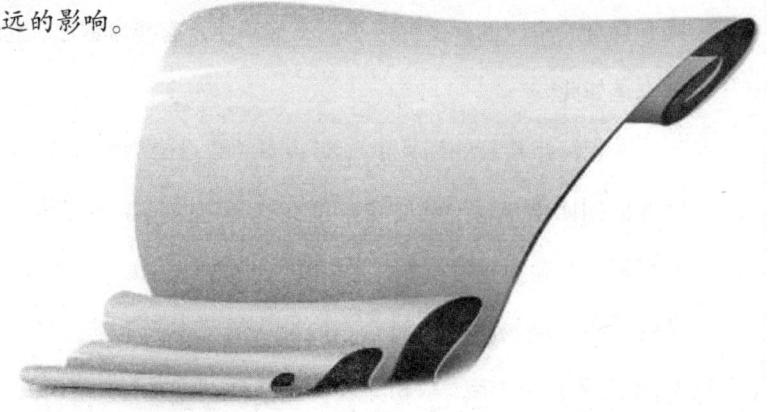

生活中的歌舞习俗

人类的生存离不开劳动，舞蹈的产生和发展也离不开劳动。我国各民族传统舞蹈中，几乎全都有反映劳动和各种生活习俗的歌舞。

浙江是传统的蚕桑丝织业大省，为了取得蚕茧丰收，就形成了有关饲蚕的种种习俗和歌舞。浙江杭嘉湖地区至今流传的舞蹈《扫蚕花地》，就是在这一习俗基础上形成的民俗歌舞。在《扫蚕花地》的发源地德清县，过去年年清明节后都有"马鸣王菩萨（蚕神）"庙会，《扫蚕花地》是参加出会的经典节目之一，但它主要表演地点在蚕农家中。当地习俗，清明过后，蚕农就要清扫蚕房，举行"关蚕房门"仪式，从此禁止外人入内。仪式之一就是要在此时请人来做《扫蚕花地》表演。

生活习俗舞蹈中最丰富多彩的部分，是各种嫁娶和丧事仪式中的歌舞活动。很多民族的传统歌舞，既用于婚事，也用于丧事。如苗族的芦笙舞，既有喜事芦笙，也有丧事芦笙。又如锅庄，有喜事锅庄，也有忧事锅庄；打歌也是如此。

在青海撒拉族的婚礼上，有必演的曲目《骆驼舞》。婚事之夜，新人和宾客们团团围坐，《骆驼舞》就在这喜庆的气氛中开始了：两人扮演撒拉先祖阿訇尕勒莽和阿霍莽，牵着一头骆驼（也由两人扮演）上场，随着驼铃的叮当声，绕场一周。随后一位扮演的蒙古人上场，与尕勒莽和阿霍莽见礼问好后开始对话，尕勒莽就讲述了他们迁徙途中的艰辛历程，直到循化定居。

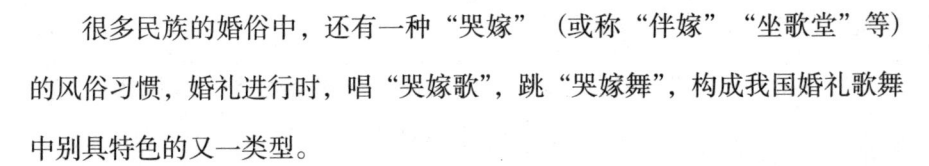

很多民族的婚俗中，还有一种"哭嫁"（或称"伴嫁""坐歌堂"等）的风俗习惯，婚礼进行时，唱"哭嫁歌"，跳"哭嫁舞"，构成我国婚礼歌舞中别具特色的又一类型。

湖南嘉禾流传着一种伴嫁歌舞，这一习俗在当地流行已久，多在新娘出嫁前夕进行。婚嫁是喜事，但喜中也有悲，这种习俗当产生于封建时代，在封建制度的统治下，婚姻不自由，尤其是妇女，对婚后命运吉凶难料，免不了忧虑，甚至恐惧。正是这种婚姻制度和妇女心理，形成了伴嫁歌舞的内容和形式。

婚姻嫁娶是人生大事，丧葬祭祀也是人生大事，同样也是民俗歌舞活动的广阔天地。丧事中的歌舞习俗由来已久，清代仍在盛行。乾隆年间的《宣威县志》载："（夷）死则覆以裙毡，罩以锦缎……亲朋既集，则各执鸾铃一串，蹉而歌，两足交互运动，状如蝇，名曰'蹉蛆'。顷之群起绕帐，一人吹笙前导，且歌且舞，谓之'转噶'（俗谓肉为'噶嘎'，此当系简称死者之尸）。既转而蹉，蹉已复转，如是者数。自言其先有客死于外者，子孙觅之，得尸于树，鸦啄其肉殆尽，尸虫满于树下。为此者，所以慰死者之心，逐鸟兽之害，使不生畏，去腐虫俾免厌憎，所谓礼缘情起者也。"志中所记之丧俗舞蹈"转噶（或作戛）"及其相关的传说至今仍流传在云南彝族中间。

今云南宣威市迪安、迤那等乡称这种丧俗舞蹈为"转戛"或"跳噶"。按习惯，都在晚上于丧家举行。其中有"转螺丝"的队形：舞者分成"孝家"和"客边"两队，"孝家"在里圈，由左往右转；"客边"在外圈，由右往左转。这可能就是县志所说的"既转而蹉，蹉已复转"了。

云南安宁县苗族有用于丧葬的芦笙"迁徙舞"，唱跳"送魂路线"，内容是说祖宗怎样历经磨难，爬过哪些山，蹚过哪些水，才长途跋涉到这里来

开荒种地安家立业。这实际上就是在讲述一部民族的迁徙史、创业史。这样做的目的，是他们认为人死后都要回到故土去和祖宗团聚，应该把正确的路线告诉亡灵，免得迷路。通过这一丧舞，对生者也是一次民族传统的教育。

舞蹈的另一重要功能是促进人际交往。生活习俗舞蹈中的又一类型，就是活跃在喜庆聚会中的社交舞蹈。这类舞蹈本身并不表达什么特定的具体内容，但它在人际交往中起着交流感情、增进友谊、加强团结的重要作用。

社交性质的舞蹈由来已久，我国汉代社会上就已流行一种"以舞相属"的聚会形式，彼此以舞相邀，借以表达相互的情谊和敬意。这种淳朴的古风至今在维吾尔族著名的"麦西热甫"中尚能感受到。"麦西热甫"是维吾尔语，意为聚会、场所，是维吾尔族人民日常生活中经常举行的群众性文化娱乐活动。活动的场合相当广泛，节日、喜庆、丰收、迎雪、做东请客，甚至赔礼道歉，都可以举行"麦西热甫"。规模可大可小，时间可在白天，也可以是晚上，场地一般选在景色宜人的果园内、葡萄架下，或者是绿草如茵的野外、庭园，人少时也可以在室内举行。

"麦西热甫"除歌和舞外，还包括猜谜、诵诗、说笑话等多种娱乐活动。举行时，参加者在场地上围坐一圈，乐手们集中坐在一起。这些乐手都是半专业或专业的民间艺人，有相对固定的乐社组织，他们擅长演奏乐器，熟悉当地流行的各种民歌、舞曲。活动开始，先由乐手们演奏序歌（俗称"木卡姆"），曲调悠长高亢，散板节奏，就像是唐宋大曲中的散序。当乐曲进入有节奏的歌舞曲时，与会者纷纷上场舞蹈，或单人独舞，或双双对对相邀共舞。当舞曲由开始时的稳重、端庄逐渐转入热烈欢快时，舞步也随之加强，节奏加快，情绪更加奔放、欢畅。一曲终了，舞者带着未尽之兴下场休息，这时就开始各种娱乐活动，有的说笑话，有的出谜语，间或也有单、双人的歌唱和舞蹈表演。游戏娱乐进行到一定阶段，乐手们再次演奏（唱）起欢快的歌舞曲，与会者也纷纷相邀上场，翩翩起舞。如此反复，直至尽兴。"麦西热甫"盛行至今，已成为社会生活中不可或缺的文化娱乐活动。

宫廷宴享乐舞习俗

据《清史稿·乐志》载：清代用于宫廷宴享的乐舞叫《队舞》，是承袭宋代宫廷宴乐总名。清代的宫廷宴乐，具有鲜明的满族色彩。

"队舞"最初名《莽势舞》（亦称《玛克式舞》，原是满族的传统民间舞蹈），乾隆八年（1743年）改各色队舞总名叫《庆隆舞》。伴奏乐器有琵琶、三弦、奚琴、筝、拍板等，还有击掌打拍子的人。

表演时，首先是《扬烈舞》上场，十六人身穿黄布画套，又十六人身穿黑羊皮套，全都戴着面具，"跳跃掷倒"，像野兽一样的舞蹈；另有八人，骑竹马，分两翼上，先向北叩一头，然后就奔驰旋转起来，一个满族装束的八旗人，向一"野兽"射了一箭，其他"野兽"就被降服了，象征着武功已成。这似乎是表现狩猎生活的舞，它与女真族（即满族）原先的狩猎、畜牧生活不无关系，但这样的舞蹈被应用在朝廷宴乐中，却包含了相当明显的政治意义。

清《竹叶亭杂记》有一段更清晰的描绘：《庆隆舞》是每年除夕时跳的舞，《庆隆舞》中的《扬烈舞》，"以竹作马头，马尾彩缯饰之，如戏中假

马者。一人屣高跷骑假马，一人涂面身着黑皮作野兽状，奋力跳跃，高跷者弯弓射。旁有持红油簸箕者一人，箸刮箕而歌。高跷者逐此兽而射之，兽应弦毙，人谓之'射妈狐子'"。这一舞蹈的创作，源于这样一个传说：据说清朝建立之初，传满族人曾到过达斡尔族黑龙江流域一带，踩着高跷，骑上假马，竟把当地一头猛兽射死了。达斡尔人以为是神，于是归服清王朝并由此作了这个骑假马踩高跷、射野兽的《庆隆舞》（应为《庆隆舞》中之《扬烈舞》）。实际上民间舞蹈《竹马》《高跷》早已流传。这个传说和《扬烈舞》的创作，既反映了东北兄弟民族的狩猎生活，又歌颂了清初开发、巩固边疆，建立多民族的中华民族整体的历史功绩。

《扬烈舞》表演完毕，《喜起舞》即上场，十八（或作二十）名大臣，恭恭敬敬地穿上朝服，进入宫殿正中以后，三叩头，又排成两行对舞，舞毕，叩头，退下。这不像舞蹈，更像行礼。

乾隆十四年（1749年）清军进入金川，作《德胜舞》。乾隆二十五年（1760年）清军进入西域，又增制《德胜舞》。

清宫廷队舞又曾作过如下规定：《庆隆舞》，用于殿廷朝会宫中庆贺宴飨；《世德舞》，用于宴宗室；《德胜舞》，用于庆祝战争胜利，凯旋筵宴。伴奏乐队四十人，乐器有：奚琴一、琵琶三、三弦三、节十六、拍十六。

这种规定表明，清宫乐舞制度有部分改变：一是《庆隆舞》已不是宫廷宴乐队舞的总名，而是"队舞"之一种；二是由大臣亲自起舞的《喜起舞》不包括在内；三是具有浓烈的战斗气息，表演当场射死野兽的《扬烈舞》也不包括在内了。当时宫廷那些歌功颂德、炫耀武功的乐舞，大都是一些仪式化的舞蹈。

清宫宴乐舞蹈除上述队舞外，还包括另外八部兄弟民族及域外诸国乐舞：

《瓦尔喀部乐舞》：瓦尔格部原居住在吉林长白山麓和黑龙江中下游，是女真族的一个部落。16世纪末至17世纪初，先后被努尔哈赤与皇太极合并。《瓦尔格部乐舞》是他们的民族民间乐舞。《朝鲜国俳》即朝鲜乐舞技艺表演。俳长一人戴面具从右边上,"掷倒伎"(杂技跟斗演员)十四人从左边上,从东向西依次表演各种技艺。"俳鼓如龙鼓而小,悬于项击之"。至今朝鲜《长鼓舞》中的鼓还是挂在颈项、悬于腰间,边击边舞的。《蒙古乐》即蒙古族乐舞。《回部乐》指新疆地区的乐舞。表演时先"作乐"(演奏乐曲),接着两人对舞上,最后是两个舞盘表演。这里的"舞盘",可能是新疆古老的民间舞——《盘子舞》。舞者双手执盘,指夹筷,敲击节奏而舞。维吾尔族舞蹈家康巴尔罕青年时曾向老艺人学习《盘子舞》,经过她改编加工后的《盘子舞》,极负盛名,此舞至今仍在流传。《番子乐》,即藏族乐舞;《廓尔喀部乐》,即尼泊尔乐舞;《缅甸国乐》,即缅甸乐舞;《安南国乐》,即越南乐舞。

这些以族名、地名、国名为乐部名称的乐舞,具有鲜明的民族风格和地方特色,其表演想来是颇为精彩和富有生气的。这些乐部的安排,犹如唐代的《九部乐》《十部乐》一样,是为了宣扬国力强盛,客观上起到了促进各民族舞蹈艺术交流的作用。

清代的宫廷宴乐,具有鲜明的民族特色,从舞蹈名称、内容、表现形式的变化,又反映了那个时代民族融合的印迹。

国制下的冰嬉运动

冰嬉,又叫滑冰,是中国古代皇宫中冬季的一项冰上体育娱乐活动。我国有关滑雪、滑冰的记载,最早见于《隋书》。其时居住在大兴安岭一带

的室韦族即"骑木而行",而按元代人解释:木马形如弹弓,长四尺,宽五寸,一左一右,系于两足,激而行之雪中冰上,可以及奔马。可见,这里的"骑木",实际上是滑雪用的滑板。

每年冬至以后,清代帝王便在西苑太液池举行大规模的冰嬉娱乐,此时的冰嬉已不同于明代的单为帝王提供娱乐,而是一种含有军事意义上的比武和演练了。正如乾隆所说的"冰嬉为国制所重",是继承和发扬祖宗遗训的体现。满族因生活在冰天雪地的塞北地区,因此十分喜爱冰上游戏。

据史料记载,赫哲族人(居住于兴安岭地区)也善于滑雪,他们在三百年前就制造了滑板及滑雪法。《黑龙江志稿》中说:"赫哲族人捕兽之器曰'踏板'。值雪深数尺,以木板长五尺,贴附两足之上,手持长杆,如泊舟之状,划雪上,前进则板乘雪力,瞬息可出十余里。"

天命十年(1625年)正月初二,努尔哈赤曾率满、蒙、汉诸王贝勒官员及后宫妻妾在浑河支流太子河上进行冰上娱乐,其内容中一项是诸王贝勒率随从将士在冰山踢行头,即所谓"蹴鞠之戏",参加者全都为男子,他们既要在冰上快速奔跑抢球,又要以一足立于冰上一足踢球,难度相当大,运动量亦大。另一项是努尔哈赤和福晋们坐到冰河中央观看女子冰上赛跑,由满、蒙、汉诸王贝勒官员的福晋妻妾分组进行,冰上赛跑争夺十分激烈,胜者和参加者都可以获得一份数目不等的银两赏赐,最后由努尔哈赤在冰上举行盛大宴会,款待参加冰上竞赛的全体人员。

皇太极于崇德七年(1642年)正月初八和十五日,在盛京城浑河冰上,也连续举行两次冰上娱乐盛会,其内容之一就有大规模的"蹴鞠之戏",以此锻炼官兵的体魄,增强抗寒能力,提高他们的运动技巧。据《清语择抄》所载,冰上运动的训练也是清军克敌制胜的法宝,故清军入关后,将冰嬉作为"国制"永存,满清皇室也将此奉为经久不衰的"家法",并将这一典制记载于钦定《大清会典》之中。

乾隆帝每年冬至以后常常亲临西苑太液池举行盛大规模的冰嬉活动。此时，乾隆由王公贵族及文武百官陪同，检阅驻京八旗将士和内务府上三旗官兵，举行冰上滑冰、蹴鞠、校射、杂技等形式多样的表演，场面十分壮观。乾隆在《御制塔山南面记》中记载："其后为庆霄楼，每逢腊日，奉皇太后观冰嬉之所也。"北海庆霄楼为白塔山南面的半山建筑（座落在太液池南岸），庆霄二字，意为楼宇巍峨，可接瑞雪。当宫中钦天监博士选择好黄道吉日，冰场上作好各种准备工作后，冰嬉运动就正式拉开了帷幕。

乾隆像

首先是滑冰，它作为皇帝每年冬天检阅军队技艺项目之一。富察敦崇《燕京岁时记》中载："冰鞋以铁为之，中有单条缚于鞋上；身起则行，不能暂止。技之巧者，如蜻蜓点水，紫燕穿波，殊可观也。""护膝以苎，牢鞋以韦"，拿开阵势，整装待发。太液池上的滑冰游戏地点并不固定，主要视冰层的薄厚和冰质光滑，坚硬程度而定，游戏场址有时在五龙亭附近、或阐福寺、瀛台等地。届时，在皇帝所坐的冰床二三里外，树一张大纛，由御前侍卫率八旗兵队排列整齐，当皇帝安坐冰床后，立即礼炮响起，滑冰运动员从树大纛处倾巢而出，似离弦之箭，流星追月一般，银白的液池内，冰沫飞溅，仿若"磁砰殷鳞，杂沓震叠"，眨眼间就飞驰至皇帝御冰床处。

如此激烈热闹、生龙活虎的场面，乾隆不禁诗兴大发，夸之为"迅似严飞电""拟议弦催箭"；并用"列子驭风""夸父追日"等典故来加以奖赏。

其次是"蹴鞠之戏"，类似于今日的冰上球类游戏，兵分左右两队，每队人数十人。各有统领，左队运动员穿红衣，右队运动员穿黄衣，分位而立，由御前侍卫将以皮革制成的皮球踢至两队中央，双方队员群起而争抢之，真可谓"珠球一掷，虎旅纷来"，你争我抢，手脚并用，惊心动魄，使帝王及文武百官陶醉在怡情悦目之中，比赛得胜者将会得到皇帝赏赐的重奖。

其三是校射运动，也称"转龙射球"。冰上校射是清代宫廷每年冬天举行的一项规模宏大的盛典。由朝廷在八旗官兵中"照定数各挑选善走冰者二百名""于西苑三海验冰习武"。所谓验冰，就是检验冰层厚度，要击声如石，方可滑冰，赛场设三个饰有彩旗的旗门，门上方正中悬、彩球、作滑射之用，特别是在近御座处设旗门，上悬一球，称为"天球"；下置一球，曰"地球"。参赛者分为两翼，每翼头目十二名，穿红黄马褂，射球手们随着彩旗飘扬，奔向旗门，"闪如曳电，疾若奔星"，道先帝曾作《御制观冰嬉应制》诗："彩球连命中，羽笥叠相鸣""鸟翔旗色初分队，鱼贯髇声每应弦"，赛事结束时，最后执旗者为一幼童，示意为龙尾。

其四是冰上杂技表演。据北京故宫博物院珍藏的乾隆时期所绘的《冰嬉图》所画，冰上杂技表演内容极为丰富，有"大蝎子""金鸡独立""哪吒探海""鹞子翻身""仙猴献桃""童子拜观音""凤凰展翅"及"双飞燕"等，表演形象生动逼真，令人眼花缭乱，将冰嬉活动烘托到高潮阶段。

道光以后，冰嬉活动已经成为专门供宫廷娱乐的竞技活动。"老佛爷"慈禧不但喜欢观赏冰嬉，而且还在西苑中海之中，建有水阁一座，盛暑炎热之际，凭阁可以观赏荷花；银装素裹之时，她便消闲地赏阅冰上之嬉，或乘坐冰床，在太液池冰上，令太监们牵引。

民族节日歌舞文化

我国是一个多民族的国家,除了一些全国性的大节日外,各民族还有许多特有的传统节日。民族节日大都形成于各民族漫长的历史发展过程中,是本民族心理、伦理观念和宗教信仰长期积淀形成的精神现象。其中包含着民族传统的习俗、礼仪、文学、歌舞等众多的文化遗存。作为集中反映民族文化风貌的窗口,可以从中感受到民族歌舞与民族生活的血肉联系。

火把节盛行于云南、四川、贵州等省。在云南,它是灯节之外又一隆重的大节目,很多民族如彝、白、佤、拉祜、傈僳、普米、哈尼,包括汉族都过这一节日。清乾隆时编撰的《陆凉(今云南陆良县)县志稿》载:"(六月)二十四日为星回节(即火把节),街衢燃松炬,酺饮。村落列炬插田,设牲醴祈岁。此本夷俗,今革之。"说明至迟在乾隆时代之前,火把节已是广为通行的大节了。各民族火把节都有自己庆贺的内容和方式,但都离不开"火"和各民族多彩多姿的传统歌舞。康熙十二年(1673年)《阿迷(今云南开远市)州志》:"(六月)二十四日为星回节,燃火炬以驱蝗螟。彝人更于此日吹芦笙、击巨馒,互相跳跃,歌扑以戏。"民国初年《禄劝县志》仍载:"男女齐会,四面绕坐,脍豕肉,饮酒,歌舞杂沓,以趁盛节。"可见火把节亦是歌舞盛会的传统由来已久,有清一代始终盛行不衰。

打歌,云南巍山彝语称"欧克",汉文古籍中称之为"踏歌"。绘于乾隆

年间的巍宝山龙亭壁画《彝族踏歌图》，生动地描绘了当年的打歌场面：画面中心有一人吹笛，两人吹笙，一群人正围着他们踏地起舞。圈外有一人弹月琴，一人右手执扇在唱调子。这情景，至今在打歌场上依然可见。打歌作为彝族古老的传统舞蹈，形式多样，各具特色，活动范围也很广，不仅活动于各种节日中，也盛行在彝家的婚、丧及祭祀等场合。诚如彝家谚语所说："生活离不开水火、彝家离不开打歌。"至今打歌仍是彝族生活中最盛行的舞蹈。

"绕三灵"，白族语为"逛桑览"，是大理白族历史悠久的传统节日，也是民族歌舞的盛会。绕三灵的节期是每年的农历四月二十三日至二十五日，正值农田栽插大忙之前。节日期间，沿洱海周围的上百个村庄，几乎家家户户都有人参加，成千上万的男女老幼，盛装打扮，各村自为一队，奉本村的本主神；队队相连，排成长长的队伍，朝拜"三灵"。所谓三灵，民间传说不完全一致，一般以苍山五台峰下的庆洞庄本主庙圣源寺（或说神明天子庙）为"神都"；以大理崇圣寺，为"佛都"；以洱海神祠（或说苍山中和寺），为"仙都"。传统的朝拜路线有"三日逛北，四日逛南，六日返家园"之说，即二十三日从大理出发，向北循苍山脚绕到五台峰下的圣源寺（或说神明天子庙），祈寿祷年，通宵歌舞。二十四日向南绕到洱海边河涘城村。二十五日沿洱海绕到大理三塔附近的马久邑村本主庙，结束仪式，各自回村。不过，虽名为朝拜三灵（神都、佛都、仙都），而沿途逢庙必拜，实际上是一次全民族的祀神祭祖活动。尤其当队伍到达庆洞村神明天子庙，朝拜五百神王（即各村本主）时，群众云集，场面壮观，不仅是队伍中的歌舞者，连敬香者也载歌载舞，男女老少彻夜歌舞狂欢。

芦笙舞在苗家生活中的功能是多方面的，不仅用于喜庆节日，也用于丧葬祭祀；在战斗中它鼓舞士气；在苦难的境遇里，它给人以慰藉和勇气；在昔日频繁的迁徙路上，它起着团聚族人、传递信息的作用，同时也

具有区别不同支系的功能；而在跳月场上，它主要起着"神媒"的作用。通过它，小伙子充分显示自己的力量、智慧、机敏和舞技的高超，姑娘们在舞步中观察对方的同时，也着意展现自己的心灵手巧、聪慧美丽。而芦笙曲和舞，就是他们互相交流的心声和情侣之间的绵绵细语。真所谓"声韵之中，皆寄情言"，达到形与神的充分沟通和了解。苗家有这样的民谣："苗家不跳花，儿女难成家""苗家不跳花，稻谷不扬花"，可见苗族人民对这一节日的重视。

调年会是土家族的传统节日，土家语为"社巴日"，"社巴"意为摆手，"日"即做、玩或舞的意思。所以按土家语直译，也就是跳"摆手舞"。以舞名作为节日的名称，也可见此舞在节日活动中的重要位置。

摆手起源甚早，至清仍为土家族生活中重要节令活动之一。光绪年间的《古丈坪厅志》记："土俗各寨有摆手堂，每岁正月初三至初五六，夜鸣锣击鼓，男女聚集，摇摆发喊，名曰摆手，以祓不祥。此旧俗……神为旧宣慰社把如彭王、田大汉、尚（应作向）老官，人云皆彭王之臣。"

摆手舞的活动内容和形式各地不完全相同。一般在农历正月初三到十五举行，但也有在二三月举行的，称"二月堂"或"三月堂"。活动有大、小之分，"小摆手"多在土家村寨近旁祭土主的小庙前举行，规模小，人数少，舞蹈也不全套都摆，只摆反映农事劳动的部分。参加者歌舞齐作，歌词内容也以农事为主："嗬嗬也，也也嗬，包谷长得像牛角，小米长得像缆索。"这些歌舞内容显然具有祝愿风调雨顺、五谷丰登的春祈意义。此外还有青年男女的赛歌活动，以唱情歌为主，摆手坪也就成了青年人择偶交往的最佳场合。

宫廷游戏"九九消寒图"

古时候，人们将冬至后的 81 天，分为 9 个段落，称作"冬九九"，也就是所谓数九寒天的由来。在寒冷的冬天，室外活动受到限制，人们为了充实自己的文娱生活，消磨因不能外出而带来的苦闷，便发明了"九九消寒图"这种消遣游戏。

"九九消寒图"究竟出现在何时？尚未见到确切的记载。南朝梁人宗懔所撰《荆楚岁时记》一书中有"俗用冬至日及九九八十一日，为寒尽"的说法，这是有关九九消寒风俗的最早记载。而最早记述"九九消寒图"的是元代诗人杨允孚的《滦京杂咏》。其中一首诗云："试数窗间九九图，馀寒消尽暖回初。梅花点遍无余白，看到今朝是杏株。"杨允孚又注解说："冬至后，贴梅花一枝于窗间，佳人晓妆，日以胭脂日图一圈，八十一圈既足，变作杏花，即暖回矣。"可见，"九九消寒图"的游戏，在元代已经产生。

明代宫廷中盛行填画"九九消寒图"的游戏。每年冬至节前，司礼监印刷许多"九九消寒图"，由宫眷们贴在墙壁上。一般是画青梅一枝，为瓣八十一。自冬至日起，每日用丹笔染一瓣，过九天为一九，九个九天共八十一天，待瓣染尽则寒冬消逝，春天来临。有的在消寒图上还要书以"九九消寒歌"，例如：一九，"冬至才过一九逢，家家闭户避寒风。风送雪花如斗大，飞来飞去满空中。"《明宫词》一书有多首宫词描绘了填画"九九消寒图"的情趣。

清代宫廷中填画"九九消寒图"的游戏更加盛行，并在花样上愈加别出心裁。道光皇帝御制了一幅"九九消寒图"。上书"亭前垂柳珍重待春风"九字，每字都是九笔，符合九九之数。从头九第一天开始填起，逐日填廓，每字九笔，每笔一天，每填写完一字，便过一九，全句填完，九九八十一天也就过完了。用殊笔写完当天一笔后，还要在笔画上用白笔填写上当天的天气情况。如："过午狂风""天气清凉，微风扑面""终日凉风侵入皮肤，如刀刺""大雪纷飞"等。当一幅"九九消寒图"填写完，便成了一冬的天气记录。九九消寒图除供娱乐消遣之外，在当时还是记时、记气候的有效工具。此外，还有书"春前庭柏風送香盈室"九字为一幅消寒图的。

清朝末年，皇帝溥仪退位之后，生活空虚无聊。他的侍臣编制了两种"九九消寒图"供他娱乐消遣。一种是"井"字形，九方格，每格内有九个圆圈，共为81个圆圈，一天画一个圆圈，九个圆圈画完，表示过一九。在圆圈内则用我国古代的阴阳鱼图案来表明天气情况。阴阳鱼由黑白两色组成，一个圆圈中，一半是黑，一半是白，构成阴阳相对，黑色象征阴天，白色象征晴天。在黑的一半中有一白眼，在白的一半中有一黑眼，形状似鱼，故名阴阳鱼。另一种"九九消寒图"亦叫"消寒益气歌"，共有九个方格，格内绘有九个圆圈，采用上点阴、下点晴、左风、右雨、雪当中的方法，在圆圈上加点，来表示天气变化情况。每格又都有图名和歌词，所以叫"消寒益气歌"。

此外，还有"九九消寒诗图"等形式。诗图是每一九为四句诗，共36句。全诗252个字又环绕着"雁南飞哉柳芽待春来"九个字，组成葫芦、寿桃、花朵等形状，既可读咏，又可填画，很有艺术性。

"九九消寒图"作为一种高雅的冬季文墨娱乐消遣，在中国古代娱乐文化的百花园中，可谓是一朵独出心裁的奇葩。

知识链接

宫廷宴饮游戏

明清时期，随着社会经济的发展，宴饮奢华之风带动了各种游戏活动的开展。明代宴饮中的助兴游戏主要有掷色、投壶、猜枚。何良俊说："余处南京苏州最久。见两处士大夫饮酒。只是掷色。盖古人亦用骰子，惟松江专要投壶猜枚，夫投壶即开起坐喧哗之端矣。然恐昔日祭征房之雅歌投壶，未必如是。猜枚乃藏射覆之遗制。"此外，还有明代宴饮博戏中新创的马吊、叶子戏、升官图等成为娱乐之流行，特别是由马吊发展出的马将（麻将）在明清时期初显其游戏之欢娱。

宫廷"围棋"的盛行

清朝是围棋发展的又一个高峰时期，从明末到清康熙初年的50多年中，棋坛高手辈出，如盛大有、汪汉年、周东侯、何暗公等。一时间群雄争霸，各显其能，直至黄龙士异军突起，征服群雄，独霸棋坛。

当时的著名学者阎若璩把一些社会名望高、学问造诣深、受世人敬重的人，如顾炎武、黄宗羲等，合称为"十四圣人"，黄龙士也被尊为其中之一，足以看出他本人和围棋受推崇的程度。清朝继黄龙士、徐星友之后又出现了两位棋圣：即范西屏、施襄夏，两人同为浙江海宁人，一共称雄棋坛40多年。他们编著的《桃花泉棋谱》和《弈理指归》对后世影响深远。

围棋作为中国的一种传统文化现象，其意义已不仅仅是棋艺游戏的范围，它实际已成为集中体现人们的思维方式、人际关系、社会文化氛围的一种智能活动，凝聚着中华民族传统文化的精髓。

围棋是中国古代阴阳学哲理的一种特殊表现形式，黑白子在棋局上变化万端，演绎出种种玄机，其棋理本身就是中国古代哲学智慧的表现。

围棋还具有特殊的文化品位和审美情趣。它强调人生、棋理与自然的结合，讲究"天人合一""万物一体"的境界，能使人充分领悟到宇宙、人生的奥妙。围棋如同整个中华民族的优秀传统文化一样，真谛在于关切宇宙、自然和人类生命的和谐。

故宫博物院现藏有一个明代的棋牌桌。该桌为长方形，通体黑漆，三连桌面用活榫衔接，可以折叠。中间桌面上有一活心板，板背绘有黄地黑线的围棋盘。棋盘对角旋有两个圆口棋盒，内装料制棋子一副。盘下壁内抽屉里又放有"麻将"及各种纸牌。此桌设计巧妙，做工精良，既是一件难得的珍贵明宫家具，又是当时宫中游艺活动的实物见证。

清代帝王、后妃也大都喜欢围棋，以示风雅。故宫博物院珍藏一套反映乾隆时代宫中嫔妃生活的牙雕组画——《月曼清游图》册。该册共12开，分别描绘嫔妃们一年12个月中的节令活动，其中第二开中绘有6个女子下围棋的场面。清高宗弘历题有这样的诗句："胭脂匀缀小桃枝，别苑春和二月时。镜户团圆清画永，楸枰斜倚共敲棋。"这说明清代围棋活动在嫔妃中仍是盛行的。

晚清的慈禧太后也好下围棋。故宫博物院藏有一幅《慈禧对弈图》。图中慈禧端坐在雕花的绣凳之上，旁置华美的紫檀木方桌。其上摆有精致棋具：木胎朱髹漆棋盒，黑白两色晶莹润泽玉制棋子。慈禧右手拈着棋子，正准备落子。桌旁立一陪弈的太监，很像李莲英的长相。该图画得很精细，是慈禧下围棋的真实写照。

故宫中的一些殿堂庭院中至今还保留着不少当年清宫围棋的实物。如养心殿后殿内炕桌上陈设着一副精致的棋具。木胎髹漆的棋盒，青、白玉石制成的围棋子，是当时帝王的常用之物。建福宫花园中还有刻有围棋盘的石桌。故宫图书馆内还保存着不少清宫收藏的围棋古谱。可以想见，清代宫廷围棋盛行的情景。

在明清墓葬中，也时常有围棋文物出土。1970年，在山东邹县明鲁荒王朱檀的墓葬中出土一副围棋。出土围棋子356枚，黑子175枚、白子181枚。棋子分别装在木胎黑漆的圆棋盒里，盒上画金色勾连雷纹。棋盘为四折硬纸，四周裱以纸边。这副围棋造价低廉，便于携带、存放，很可能是朱檀生前常用之物。

知识链接

双陆棋具

清代的双陆文物保存最好，其中以乾隆年间制的双陆棋具最为精致。全套双陆棋具，由玉质双陆子30枚、骰子5粒、1套牛角质叶子牌、20根乌木筹、8根方形牙筹棍、12根扁圆筹棍、39根黄杨木筹棍、4根牙牌、20根细牙筹棍、镇纸、珐琅小碗各一个组成。这些东西装在一个长13厘米、宽10.4厘米、高2.5厘米的紫檀木盒中。这套双陆棋具堪称稀世之宝，只是可惜双陆棋盘不知何时丢失了，确是一件憾事。

这些双陆文物反映明清宫廷盛行双陆游戏的情况，也说明到清末，这种游戏已逐渐不被人重视了，许多棋具变得残缺不全了。

宫廷"宠狗"习俗

晚清慈禧太后当政时期，清宫廷中养宠物狗以嬉耍娱乐成风。当时宫中的狗主要是皮毛华丽、雍容可人的哈巴狗。上至皇太后、皇后、妃嫔，下至宫女、太监，都喜欢怀抱宠物狗。

裕德龄在《清宫禁二年记》中谈到，慈禧太后宠爱的一只长毛狮子狗叫"海獭"。它的毛色柔美，极通人性，慈禧太后走到哪儿，它必摇尾相随到哪儿。外国画师凯瑟琳·卡尔在《慈禧写照记》里记述了慈禧太后的两只宠物狗，一只是司克哀猎犬种，伶俐异常，毛色华丽。它对慈禧的指令一概听从，若令它"死"，它便会佯装假死，横卧在地上一动也不动。如果没有慈禧的命令，不管谁都无法叫它起来，十分乖巧可人。另一只是北京种的哈巴狗，毛如金丝，光亮柔滑，极为华丽，被慈禧太后叫作"呆儿"。

慈禧太后的宠物狗各有各的名称，只要慈禧太后一声唤，被唤的那一只便兴高采烈地跑到主人面前听候吩咐。平时，当慈禧太后在宫中行走时，她所宠爱的狗便争先恐后地摇着尾巴紧随其左右。当慈禧太后发火不高兴时，这些宠物狗便会惊骇得不知所措，唯恐由此而失宠，不停地发出喃喃之声。待慈禧太后一一拍打其毛茸茸的背，以示抚慰后，它们才会恢复常态，不停地撒欢乞怜。

慈禧太后的宠物狗有精致美观的犬舍，有用绸料制作的被卧。此外，她还让一些小太监专门侍候它们，带它们散步，训练它们的技能，还负责

199

每天给它们沐浴。慈禧太后有洁癖，一般不亲手抚弄宠物狗，即使偶尔抚弄后，也要立即用热水将手洗净。在宫里，妃嫔、公主以及宫女们所养的狗是不准与慈禧太后的宠物狗一起嬉耍的，否则，轻者受责骂，重者则不得好死。

慈禧太后喜怒无常，曾发生过以她宠爱的小狗来戏弄大臣的事。有一次，内务府的一位大臣见光绪皇帝书房墙端纸裂，寒风侵袭而入，便找来纸将墙隙缝裱糊好。这件事让慈禧太后知道后，便想让这位大臣出出洋相，遂下旨第二天要赐内务府诸大臣荷包。翌日，那位大臣也兴冲冲地来领赏。轮到他时，慈禧太后却故意当着众大臣的面，将荷包赐给恰巧蹲在这位大臣面前的小狗"海獭"，而这位大臣还要叩头谢恩。这情景连周围的御前太监们见了都忍不住偷笑。

鼎盛的"茶馆"文明

中国的茶文化在清代发生了很大的变化，开始从文人文化向平民文化转变，茶开始与普通百姓的日常生活结合起来，成为民间俗礼的一部分。茶在民间普及的一个重要表现就是茶馆的兴起。

"茶馆"一词，最早见于明代的史料。明末张岱《陶庵蒙忆》中有"崇祯癸酉，有好事者开茶馆"的记载，而后茶馆成为通称。在明代末期，北京曾出现过只有一桌几凳的简易露天茶摊。

茶馆的真正鼎盛时期是在清朝。清代的茶馆不仅数量多，而且种类繁

多，功能齐全。据有关的资料记载，康熙、雍正、乾隆时期仅杭州就有大小茶馆八百多家。吴敬梓的《儒林外史》中也有这样的记载：

"庙门口都摆的是茶桌子，这一条街，单是卖茶就有三十多处，十分热闹。"由此可见当时茶馆的繁盛。

民间流传着很多乾隆与茶的故事，涉及种茶、饮茶、取水、茶名、茶诗等等。相传，乾隆皇帝南巡杭州，在龙井狮子峰胡公庙前饮龙井茶时，赞赏茶叶香清味醇，遂封庙前十八棵茶树为"御茶"，并派专人看管，年年进贡，当然茶客就是他本人，"御茶"至今遗址尚存。乾隆十六年（1752年）。他初次南巡到杭州，在天竺观看了茶叶采制的过程，颇有感受，写了《观采茶作歌》，其中有"地炉微火徐徐添，乾釜柔风旋旋炒。慢炒细焙有次第，辛苦功夫殊不少"的诗句。皇帝能够在观察中体知茶农的辛苦与制茶的不易，也算是难能可贵。乾隆晚年退位后仍嗜茶如命，在北海镜清斋内专设"焙茶坞"，悠闲品尝。他在世八十八年，为中国历代皇帝中之寿魁，喝茶也是他的养生之法。

明清时茶馆成了人们休闲放松的重要娱乐空间，举办"诗会""笔会"，诚邀文人雅士饮茶赋诗、舞文弄墨以增添茶馆的雅致；听一段评弹鼓书、观一出茶园戏剧成了有闲阶层趋之若鹜的饮茶风尚；押宝掷骰、抹牌"上册"引得无数平民百姓流连茶馆暂忘生活所累。

清代茶馆上承晚明，在数量、种类、功能上都大有改观，完全融入了中国各阶层人民的生活，"可以说茶馆的真正鼎盛是在清朝"。八旗子弟经常光顾茶馆，在一定意义上带动了北京乃至全国茶馆的繁荣。

茶馆不仅与文人雅士联系在一起，而且与表演艺人不可分。茶馆与戏曲结合始于宋代，当时茶馆就有茶博士随侍，有时还有艺伎吹拉弹唱，名士官吏点唱，或艺人卖唱供欣赏。随着元明曲艺、评话的兴起，"五方杂处"

的茶馆就成了这些艺术活动的理想场所。《杭俗遗风》载:"明清以后,杭州评话问世,茶馆又成了艺人献艺的场所。"这时的茶馆已具有了茶园的雏形,至清代茶馆和艺术结合就蔚然成风了。一说到北京的"茶园",首先想到的是演戏的地方。

特别是清代中叶以后,南方的评弹、北方的鼓书将茶馆当成他们演艺的主要场所。有评弹鼓书的书茶馆一般比较雅致,墙上张挂字画,桌椅分不同档次,高档的是藤椅,一般的是木椅。室内靠墙处有一小木台,上摆一条桌,罩以洁净的蓝布作评书或鼓书艺人的表演场地。

北京东华门外的东悦轩、天桥的福海轩都是当时有名的书茶馆。上海则主要集中在城隍庙一带。书茶馆不仅在城市中为人们所钟爱,而且衍射到乡镇百姓生活中,许多人到茶馆喝茶的主要目的就是听书。

随着戏曲节目在茶馆中演出的兴盛,有的茶馆渐被称为"茶园"。咸丰、同治以后,有些戏园子干脆改称茶园,以广和楼最有代表性。听书观剧比饮茶更为重要了,茶客到茶馆主要追求的就是赏剧时的精神享受,喝茶反倒成了一种点缀,茶客结账叫付书钱而不叫茶钱。京城南部天桥一带的茶馆是以表演曲艺见长,梅花大鼓、京韵大鼓、含灯大鼓、单弦、双簧、相声、杂耍等都有演出。

清代的茶馆娱乐还有一些诱人聚赌非法赢利的,最普遍的就是在茶馆内开赌场。在浙江宁波,茶馆兼作赌场的现象也很盛行。茶馆聚赌,除抹牌之外,还有很多花样,如秋季时节,有专门聚众斗蟋蟀者。在苏州,上蟋蟀赌台被称为"上册",据参赌人回忆说,斗蟋蟀"在玄妙观内第一篷茶社者较多,输赢之巨竟有上百成千,亦有因此倾家荡产之人,故蟋蟀上市例有禁止赌博之公告,但亦例行公事而已"。

与聚众赌博的娱乐方式不同,在茶馆里看电影成了清末民众接触到的新鲜事，尤其"交际茶舞"更是引领时尚的上层人士的独享。电影是清末从西方传入中国的，当时称为"西洋影戏""西洋景"。在上海出现了早期的茶馆电影。1896年8月11日，徐园"又一新"放映了法国影片，成为电影正式传入中国之始。

另外，在上层人士中还有一种从西方引进的"交际茶舞"娱乐形式。清朝的交谊舞是19世纪中叶由西方冒险家带入中国租界的"西洋舞"，在清朝是非常新鲜的事，以跳华尔兹、探戈、列队方阵舞为代表的交际舞，逐渐演变为清末一些上层人士的娱乐活动。1897年，上海蔡钧为配合慈禧"万寿庆典"，在上海洋务局举办盛大舞会，这是中国官方举行的第一次大型舞会。20世纪初，上海洋人开设的礼查饭店首次举办"交际茶舞"，每逢周末，举办舞会至深夜。但这种舞会是西方人的自娱活动，不对外开放。所以跳舞只是晚清某些上层人士的一种娱乐方式，并没有广泛流行于民间。

扩展阅读　清朝宫廷选美

清代皇帝在选后妃方面，创立了具有自己特点的"选秀女制度"。现在，我们来了解一下它的独特之处。

皇帝的后妃要从旗籍女子中挑选，并规定每三年在固定的八旗内部选一次秀女。被选中的八旗秀女，有的可能要配给皇帝的近支宗亲。选择作为后妃的秀女有严格的定制。秀女一般从满、蒙八旗中遴选凡年龄在13至

16岁，身体健康无残疾的旗籍女子。

秀女年满13岁称"及岁"，超过16岁称"逾岁"。"逾岁"者一般不再参加挑选。如因故未能阅选者，则必须参加下届阅选，否则虽至二十余岁亦不能出嫁，违者将受惩处。凡应选的旗女，在未阅前私自与他人结婚者，也将由该旗都统参查治罪。即使的确残疾不堪备选者，亦须各旗层层具结，呈报本旗都统，然后由都统咨行户部上奏皇帝，才能免选。

选中记名的秀女，在记名期内（一般为五年）不许私相聘嫁，违者上至都统、副都统、参领、佐领，下至旗长及本人父母，都要受到一定的处分。选中留牌子的秀女久不复选，而记名期已过，那么，这样的女子只得终身不嫁了。

选秀女由户部主办。届时，由户部行文八旗各都统衙门、直隶各省驻防八旗及外任旗员，将适龄备选女子呈报备案。每届入选日期，均由户部奏准，然后通知各旗，具备清册，准备入选引看之日，秀女们都在神武门下车，按顺序排列，由太监引入顺贞门，让帝后们选看。选看地点各朝不尽相同。

清朝除秀女外，也选宫女，有的宫女入宫以后，还可晋封为内廷主位。宫女指在宫中供役使的女子。宫女的上层，为宫中女官。历代宫女也都要经过挑选才能入内廷服役，如汉朝的家人子、采女等，都是从民间采选而后入宫的。明代挑选宫女皆奉钦命而行。

宫女是在内务府包衣、佐领下的女儿中，每年引选一次，由内务府会计司主办。她们在宫中的地位无法和秀女相比，主要是供内廷各宫主位役使。清代选宫女的具体做法与选秀女大体相同。在民间广选美女，以充实后宫，对平民百姓而言，完全是一种虐政。13岁以上的女子大都被禁止结婚，居家待选，而有的女子甚至终生独守空房不能结婚。而女孩子们一旦被选中，就意味着骨肉分离，一入深宫，不知几时才能与家人相见。

所以，选入宫廷的美女绝非升入天堂，极少数人固然可成为后妃，似乎一步登天，但绝大多数女孩子都是没有这种机会的，况且后妃之间为争宠而明争暗斗，不少人为之心怀杀机，高贵富丽的宫廷中，其实处处是陷阱，一不小心，便有不测之祸，这绝对是对嫔妃和宫女们身心双重的摧残。

第八章 宫俗民风——别具特色的清代生活文明

第九章

金字招牌
——经久不衰的"老字号"文化

老字号是中国历史文化的宝贵遗产,有着浓郁、鲜明的民族特色。它们不仅仅是一家家传统老店,不仅仅是一项项传统技艺,不仅仅是一款款独具特色的产品,更是悠悠岁月凝聚起来的中华文化的瑰宝!有清一代,一些金字招牌闻名遐迩,传承至今。老字号不仅是一种商贸景观,还是一种历史传统文化现象。

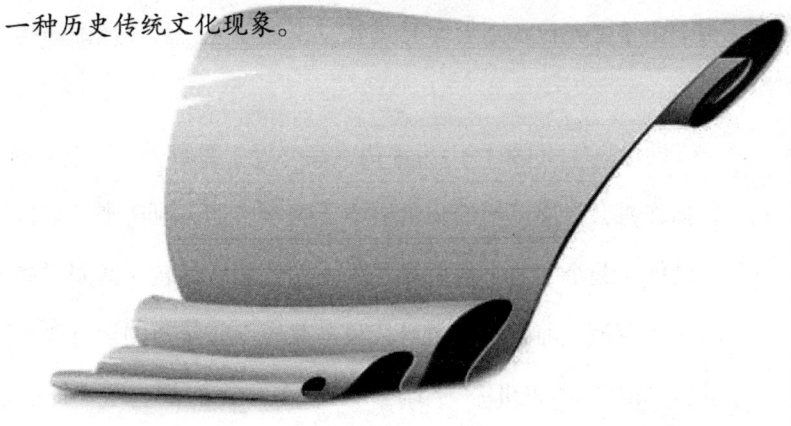

传世京宴"全聚德"

全聚德的创始人是河北冀县杨家寨的农民杨全仁。

清道光十四年（1834年），其家乡闹灾害，二老又双双过世，杨全仁便来到北京谋生。开始他在鸭房子替人家放养鸭子，学会填鸭、宰杀鸭子的手艺。道光十七年（1837年），他与人合股在正阳桥头开了一个小小的鸡鸭摊，出售生鸡生鸭。他们从郊区采购来活鸡活鸭，自己宰杀，每天清晨摆摊出售，虽然辛苦，买卖还算顺利。不久，杨全仁便积攒起一些资金，在井儿胡同买了一处堆房，里面有三间北屋，一个小院。杨全仁请人用红纸写了"鸭局子"三个大字，贴在院门上。

从此，这里成为他饲养和贩卖鸡鸭的大本营。他那小小的鸡鸭摊，也由正阳桥迁至肉市胡同的广和楼北口。待生意得到进一步发展以后，他便与合伙人分手，独创事业。他每天起早贪黑，杀鸡宰鸭，到肉市上去摆摊出售。由于卖鸭比卖鸡更容易赚钱，于是杨全仁的小摊渐渐转移到以售鸭子为主。

同治三年（1864年），前门大街一家"德聚全"干果铺濒于倒闭，杨全仁抓住机会，用多年的积蓄买下了这家店铺。他请来了一位风水先生为自己的铺子起个字号。这位风水先生围着新店铺转了两圈后站定说："这是块风水宝地，前程不可限量，只是此店以前甚为倒运，要想冲其晦气，除非将'德聚全'的旧字号倒过来，称作'全聚德'，新字号才能上坦途。"杨全仁一听正合心意，一来他的名字中占有一个"全"字，二来"聚德"意为聚拢德行，以标榜自己做买卖讲德行。于是，他请来一位对书法颇有造诣的姓钱名子龙的秀才，挥笔书写了"全聚德"三个大字，制成金字匾额挂在门楣之上。闻名中外的老字号"全聚德"就这样诞生了。

开始，全聚德只是一个简陋的小饭铺，杨全仁雇佣了几位来自山东荣城县的厨师，盘了一座烤炉，经营烤鸭子和烤炉肉。顾客来到店中主要是吃烤鸭子，要吃荷叶饼或者炒菜要到外面去买。杨全仁同时还继续操持生鸡生鸭的买卖。他的店铺挂有三块招贴，中间为金字招牌"全聚德"，左边为"炉肉铺"，右边为"鸡鸭店"。全聚德的生意在杨全仁精心经营下，一天天发展起来，他雇佣的伙计也由几人增加至30多人。除了卖烤鸭、烤炉肉外，又增加了鸭油蛋羹、炸胗肝、鸭架汤几样汤菜，生意越做越兴隆。

当时，北京的大小烤鸭店多达几十个，遍布于大街小巷。其中最火爆的要数米市胡同的老便宜坊。杨全仁暗自盘算着，要以老便宜坊为目标，在这饭馆行列中，打下自己的"百年基业"。杨全仁精明能干，他深知要想生意兴隆，就得靠好堂头、好厨师、好掌柜。于是，他时常到各类烤炉铺子里转悠，探查烤鸭的门道，寻访烤鸭高手。当时，东安门大街路南有一座门面不大的饭庄金华馆，专门供应清宫内和各王府所用烤猪、烤鸭。送进宫的烤猪、烤鸭要格外精心烤炙。金华馆内有一位姓孙的老师傅，技术高超，专管烤猪、烤鸭。他是山东福山人，曾在清宫御膳房特设的专做挂炉猪、挂炉鸭的"包哈局"里任差，掌握清宫挂炉烤鸭的全部技术。后来离开宫苑来到金华馆掌炉。杨全仁千方百计与他交朋友，经常与他一起饮酒谈天，关系越来越密切。孙老师傅终于被杨全仁说动，在重金礼聘下，来到了全聚德。

全聚德聘请了孙老师傅，等于掌握了清宫挂炉烤鸭的全部技术。孙老师傅把原来的烤炉改为炉身高大、炉膛深广、一炉可烤十几只鸭的挂炉，

利用宫廷御膳房的"挂炉烤鸭"技术精制烤鸭,烤鸭质量与众不同,全聚德声誉日隆。这时,杨全仁踌躇满志,开始筹划更大的发展。他拆除了两排平房,使前后院连成一片,准备在此盖一座小楼。可惜楼房尚未盖成,他便于光绪十六年(1890年),因患食道癌而死,时年68岁。

以后全聚德的买卖由其次子杨庆茂掌管。光绪二十七年(1901年),全聚德的楼房终于落成。楼房里外粉刷一新,大门中间和一层两边窗户的砖墙上面,赫然刻着几个大字,异常醒目,"全聚德"仍然居中,"鸡鸭店"在右,"老炉铺"在左。大门旁边还挂着两块铜幌子,上面写着:"包办酒席,内有雅座""应时小卖,随意便酌"。楼房落成后,全聚德增添了各式炒菜,从此,全聚德由一个烤炉铺发展成为一个名副其实的饭馆了,并以经营挂炉烤鸭闻名京城。

杭州菜馆"楼外楼"

杭州楼外楼菜馆,坐落在美丽西湖的孤山脚下,是一家闻名中外、有一百六十多年历史的名餐馆。

清道光二十八年(1848年),绍兴一个叫洪瑞堂的秀才到杭州参加科举考试,但最终榜上无名。失落的洪瑞堂回到家中,得到了更加悲痛的消息:身体本就不好的双亲,在瘟疫中双双去世。洪瑞堂面对这样的噩耗非常伤心,在为父母办理完丧事之后,对妻子说:"我苦读多年,最终还是没能实现获取功名的愿望,我已经失去信心了,我们离开这个让人伤心的地方,去一个新的地方重新开始生活吧。"

妻子陶秀英赞同他的想法，其实她早就不希望自己的相公再苦读下去，家里已是一贫如洗，她也快撑不下去了。就这样，洪瑞堂夫妇由绍兴东湖迁至钱塘，定居在孤山脚下的西泠桥畔，以划船捕鱼谋生。最初，他们只是卖些打来的活鱼鲜虾，虽然时间不长，但他们也逐渐积累了一些资金。

洪瑞堂毕竟是读过书的人，他知道加工过的东西价值才会更多。这天，吃过晚饭，他和妻子商议："我们在绍兴生活了那么久，烹制的鲜虾活鱼味道鲜美，我们为何不精心打造一番，然后开家餐馆呢？"

"相公，这是个好主意，可是，我们自己家乡的菜，在这个地方会受到欢迎吗？"

"娘子，这样吧，我们明天先做一些送给邻居们吃，如果他们说好吃，我们就开家饭馆，我早就看好了，西泠桥一带居然一家饭馆都没有，想必那里便是我们买卖的开端。"

次日，洪瑞堂夫妇早早地就到钱塘江里打来了鱼虾，将近中午的时候，已经做好了香喷喷的几盘菜。

"相公，你看这些饭菜要怎样分呢？老王家给哪盘？老张家又给哪盘？"

对啊，妻子说的话不是没有道理，这样送不是办法，劳神费思事倍功半啊。洪瑞堂抬头看看太阳，已经将近中午了，在地里干活和江里打鱼的人都要回来了，而自家又是他们回家的必经之路，他眼珠一转计上心来。

夫妻俩找了张桌子，将菜都摆在自家门口，见到有经过的人就请他们品尝。吃过的人都伸出大拇指说好："洪家媳妇，你好手艺啊，没想到你烧的菜这么好吃啊！"

洪瑞堂媳妇是个机灵人，马上说："这菜是我家相公跟我一块做的，我们打算在西泠桥一带开家小菜馆，到时候大家多来光顾啊。"洪瑞堂没想到自己夫人提前把宣传做开了。

众人一听，马上附和："哎呀，这是喜事啊，等你们菜馆开张的那天，我们一定会去捧场的!"

菜肴吃完，众人散去，洪瑞堂夫妇高兴地说："看来，我们的菜馆是非开不可了。"

后来，洪瑞堂便拿着所有的积蓄去西泠桥附近寻觅未来菜馆的合适地址。最终选择了位于俞楼与西泠印社之间，地处六一泉旁一处闲置的平房。房子盘租下来，洪瑞堂找人装修了一番，就择吉日开张了。开张之后，小菜馆门前的牌匾上写着"楼外楼"三个字。

在平房上挂着"楼外楼"的字号实属罕见，大家都开起了玩笑，"洪掌柜，你家菜馆可不是楼房啊。"众人都笑了。

洪瑞堂微笑着说："大家知道南宋诗人林升的《题临安邸》吗？'山外青山楼外楼，西湖歌舞几时休。暖风熏得游人醉，直把杭州作汴州。'我菜馆的名称就是取自这里。当然取这个名字也是寄予了我的心愿，我一定会逐渐把我的饭馆做大，经规模扩张到二层楼、三层楼!"

洪瑞堂说完，大家都拍手叫好，"洪掌柜好志气! 这名字取得好! 来，我们大家都进去尝尝他的手艺去。"开张第一天，楼外楼就赢得了满堂彩。

这"楼外楼"还有一种说法。相传，洪瑞堂最初一直为菜馆字号的事情发愁，因为他想不出合适的，风雅的又不够响亮，响亮的又不够大气。后来他去找俞楼里的著名学者俞曲园（俞樾）先生帮忙取名，曲园先生说："你的菜馆在我俞楼外侧，那就取南宋林升'山外青山楼外楼'的名句，叫作'楼外楼'吧。"洪瑞堂很喜欢这个名字，千恩万谢地离开了。

不管"楼外楼"是洪瑞堂所取，还是俞曲园先生所取，都已经不重要了，总之，这三个字为菜馆增添了不少文化情趣，使得许多附庸风雅的文人墨客慕名而来。

南味北卖"稻香村"

"中药同仁堂,糕饼稻香村",提起稻香村,北京人无人不知无人不晓,它是与同仁堂齐名的老字号。每逢元宵、端午和中秋,来稻香村买元宵、粽子和月饼的人就排起了长龙,这是北京节日的一景。

清光绪二十一年(1895年),南京人郭玉生领着几个熟悉南味食品制作工艺的伙计来到北京。郭玉生一直有个愿望,那就是开个店铺将南方的糕点引进到北方,这次来北京,他发誓要完成这个心愿。

郭玉生在来北京之前就已经想好了店铺的名字——稻香村,他对这个名字情有独钟,因为家乡有家稻香村生意非常好,他希望这个名字能给他带来好运。他和几个伙计商议后,将店址选在了繁华的前门外观音寺(现在的大栅栏西街东口路北),店铺是个二层小楼,坐东朝西,一共三间门脸,左边是青盐店,右边是茶食柜,中间是稻香村。开张这天,门楣上的黑漆金字匾额"稻香村南货店"被红色绸缎包围着,显得格外耀眼,吸引了不少过路的行人。看着店内门庭若市,生意兴隆,郭玉生看在眼里,喜在心头。稻香村采用的是前店后厂的模式,当时这种形式叫"连家铺",在京城糕点铺中是一朵奇葩,后来它逐渐被饽饽铺、食品铺等效仿。

厂里自制的各种糕点和肉食,形色味兼具,不仅好吃,而且花样翻新,重油重糖,即使是在天气干燥的北京也是数日不干。冬瓜饼、姑苏椒盐饼、猪油夹沙蒸蛋糕、杏仁酥、南腿饼等南式糕点首次在北京亮相,让习惯吃

"大饽饽"的京城人眼前一亮，他们大呼，原来饽饽可以做得这么好看。

刚开始郭玉生还怀疑南味能不能在北方受到欢迎，没多久他发现自己的担忧是多余的，正宗南方美食让这家店铺没多久就火了，大街小巷一传十，十传百，前来品尝的食客络绎不绝，不仅有平民百姓，更有达官贵人。稻香村入驻北京以来，北京当地的点心铺受其"压迫"，丢掉了大半"江山"，老北京逢年过节走亲访友都忘不了进稻香村买几件场面上往来的礼物。

稻香村食品讲究"四时三节"，端午卖粽子，中秋售月饼，春节供年糕，上元有元宵。郭玉生心里明白，像他这种做字号的商铺，走的是长久之路，产品的质量一定要好，料要用最好的。稻香村的核桃仁要山西汾阳的，色白肉厚，香味浓郁，嚼在嘴里甜丝丝的；玫瑰花要用京西妙峰山上太阳没有出来前带着露水采摘的，花大瓣厚，气味芬芳；龙眼要用福建莆田的；火腿要用浙江金华的，等等。

稻香村的做工更是讲究，熬糖要"凭眼""凭手"。"凭眼"是说，什么时候糖熬好了，全凭师傅的经验来看，早一分钟没到火候，晚一分钟火候又过了；"凭手"是说，熬好的糖剪成各种形状，这是纯正的手艺活。

逢年过节打"连班"的时候，郭玉生都要亲自到油面间去查看，油是不是少放了，火候是不是到家了。因为郭玉生深知顾客才是店铺的衣食父母，只要是顾客的要求，他都会尽量满足。郭玉生更懂得主顾是衣食父母，买东西没带现钱的，他就赊给人家，留下订单的，不管有多远，他都会让人按时送上门，没一次延误。

为了打响"稻香村"这块牌子，郭玉生和几个合伙人努力开发南味食品，他们花重金从上海、南京、苏州、杭州、镇江请来有名的师傅，开发新产品，肉松饼、鲜肉饺、枣泥麻饼、酱鸭、筒鸭、肴肉、云片糕、寸金糖等风味独特的糕点纷纷摆上稻香村的柜台。产品多了，来光顾的人越来越多，渐渐地，稻香村的食品在京城成了敬父母、送朋友的馈赠佳品。只要看到有人拎着印有"上品官礼"字样的礼盒，就知道他光顾了稻香村。

稻香村名声在外，成为许多文化名人光顾的地方。1912年5月，鲁迅先生来到北京，住在宣武区南半截胡同的绍兴会馆，那里离观音寺稻香村很近，他就经常光顾稻香村。在1913—1915年短短两年多的时间里，鲁迅先生仅在《鲁迅日记》中就记录了15次去稻香村购买食品的经历。

1994年9月，北京稻香村食品集团公司正式组建；2005年，稻香村改制为食品有限责任公司。至今，北京稻香村已经拥有了近百家连锁店，一个物流配送中心，三百多个销售网点，开创了特色社区专卖店的第一步。另外，稻香村还有全国传统食品行业内厂房最大、装备最先进的生产基地，生产的节令产品共有六百多个品种。

翰墨书香"荣宝斋"

荣宝斋从创立的那一天起，就把"货真价实，宁缺毋滥，客户至上，信誉第一"作为自己的座右铭。

光绪二十年（1894年），荣宝斋开张不久，大学士翁同龢下早朝后来琉璃厂，走进路北的荣宝斋，荣宝斋掌柜庄虎臣侍候。他见荣宝斋的陈设没清秘阁那样古朴肃穆，而是书画满堂，四壁生辉。翁同龢浏览近代书画家的作品，偶然见到一幅《陋室铭》中堂，落款是翁同龢，便仔细看了看，又想了想：我没抄录过刘禹锡《陋室铭》呀，怎么这字像是我写的，上面书款

印章也都像是我的。他坐下沉思良久，一语不发。

庄虎臣见翁夫子皱眉不悦，联想到是不是他不愿将自己的作品在商店陈列出售，有失"帝师"之体统，故而言道：这是韩懿轩买古旧纸时，夹带来您的墨宝，在我这里只陈列不出售。

翁同龢说：这幅中堂很像是我写的，可我从未抄录过《陋室铭》。此乃俗人鱼目混珠之作，模仿得很相像，功底不浅。乾隆爷的御笔好多是别人代劳，今日难于分晓。我翁同龢从不请人代笔，今却有人模仿我的笔迹，在你们荣宝斋这里冒充我写的。

庄虎臣听翁同龢这么一讲，忙将《陋室铭》摘下，拱手称谢说：多亏夫子指教，不然我们卖了假字画，自己还不知道呢，此后，我们要慎重展出名人字画，决不展出仿作。翁同龢点头一笑。后来，庄虎臣去找韩懿轩询问这幅仿作的来路，这才知道，原来这幅中堂是韩懿轩自己模仿翁同龢的笔墨，居然能够以假乱真。

后来王仁山当上了荣宝斋的掌柜以后，在经营店铺方面，也非常讲究信誉。他曾对全店铺的人说，信誉是一个店铺的生命，不讲信誉，店铺迟早要倒闭。

为了在信誉上赢得顾客，王仁山狠抓质量不放松。为了保证质量，王仁山规定，凡是荣宝斋卖出去的货物，都要有"荣宝斋监制"字样，以让顾客放心。怎样才能保证质量呢？王仁山充分和琉璃厂的各店铺合作。比如诚顺斋装裱字画好，荣宝斋的字画就由诚顺斋负责装裱。义聚斋制作小器好，荣宝斋的小器就由义聚斋承作。益珍斋锦盒做得好，荣宝斋的锦盒就由益珍斋制作。当然，由这些店铺制作出来的东西，都要刻上或印制上"荣宝斋监制"的字样。这样，琉璃厂那些有名的店铺，都成了荣宝斋的加工点，荣宝斋货物的质量也就有了保障。

今天的荣宝斋依然严守古训，坚决保证货真价实，信誉第一。

尽管今天来荣宝斋买东西的大多是外国人，但他们大都是行家。他们之所以花很多钱买荣宝斋的东西，就是因为他们信任荣宝斋，认为荣宝斋靠得住。

荣宝斋讲究货真价实是一贯的。有这样一件事：著名画家潘天寿先生创作了一幅画，因为纸厚，用墨浓重，装裱老师傅在进行装裱时，意外地一张揭成了两张。这两张画裱完以后，潘先生都加盖了印章。背面的那张，其实也和真的一样。这时候，有人说，可否把那张背面的画也当成原作卖。但是，荣宝斋的人没有这样做，他们把那张背面揭裱的画按照复制品的价钱出售了。

为了保证货真价实，信誉第一，现今的荣宝斋采取了许多措施。其中有一个措施是，对某些画家的作品实行独家经营，售出的作品都附有出售作品目录和真伪证书。真伪证书上有画家签字和荣宝斋经理签字，还盖有荣宝斋的钢印。著名画家范曾就和荣宝斋有这样的协定。因为荣宝斋值得画家信任，买画的顾客也可以完全放心。除了范曾外，还有不少画家和荣宝斋签订了这样的协定。

荣宝斋的做法，受到了社会的广泛欢迎，减少了赝品在市场上的流动，也为国家增加了收入。为了保证货真价实，信誉第一，荣宝斋还成立了由领导、专家、鉴定人员参加的把关小组，严把书画和文房四宝的质量，荣宝斋这样做，更加赢得了国内外顾客的信赖。正因如此，我国外贸部门出口的文房四宝，大多由荣宝斋监制，并打上"中国荣宝斋"字样。结果，许多国家都接受这样的货物。

荣宝斋货真价实，信誉第一，还表现在许多方面。比如，荣宝斋卖的字画，顾客一时反悔了，可以退。荣宝斋收购的字画，价钱低了可以补。有一年，荣宝斋收购了齐白石的一张小画，花了90元，后来发现收购价钱低了，就又给补了100元。这件事在书画界产生了很好的影响。

荣宝斋的货真价实，信誉第一，在国内外产生了极大的影响，荣宝斋被海外人士誉为东方文化艺术的橱窗。许多外国人到中国访问，都要到荣宝斋参观，甚至包括一些国家领导人，如美国前国务卿基辛格、印尼前总统苏加诺等。他们说："到北京不去荣宝斋，就等于去比萨而不去看斜塔，那是多么遗憾的事情啊。"

荣宝斋，这个以货真价实、信誉第一为宗旨的艺术殿堂，在过去的岁月里，赢得了大量的国内外顾客，在未来的年代里，也一定会征服更多人的心。荣宝斋的各项高超技艺代代相传，长盛不衰，这也是荣宝斋这个老字号事业兴旺发达的重要原因。

知识链接

荣宝斋的绝活：木版水印

荣宝斋的木版水印，确实是绝活。一般可以先蘸满淡墨，再在笔尖点一点浓墨；或是先蘸满浓墨，再在笔尖上点一点清水；甚至把几种颜色都蘸在笔上。如此一支毛笔，或中锋或侧锋或逆锋或中锋侧锋逆锋混合交替，游走于渗水性能非常强的宣纸之上，墨色、颜色于宣纸上纵横四溢，浓淡渗透，自然调和，浑然天成，非常美，而要高质量地复制如此这般画出来的中国画，特别困难。所以说，荣宝斋的木版水印是绝活。

天津一绝"狗不理"

"狗不理"创始于1858年。清咸丰年间,河北武清县杨村(现天津市武清区)有个年轻人,名叫高贵友,因其父40得子,为求平安养子,故取乳名"狗子",期望他能像小狗一样好养活(按照北方习俗,此名饱含着淳朴挚爱的亲情)。

狗子14岁来天津学艺,在天津南运河边上的刘家蒸吃铺做小伙计,狗子心灵手巧又勤学好问,加上师傅们的精心指点,高贵友做包子的手艺不断长进,练就一手好活,很快就小有名气了。

三年满师后,高贵友已经精通了做包子的各种手艺,于是就独立出来,自己开办了一家专营包子的小吃铺——"德聚号"。他用肥瘦鲜猪肉3∶7的比例加适量的水,佐以排骨汤或肚汤,加上小磨香油、特制酱油、姜末、葱末、调味剂等,精心调拌成包子馅料。包子皮用半发面,在搓条、放剂之后,擀成直径为8.5厘米左右、薄厚均匀的圆形皮。包入馅料,用手指精心捏褶,同时用力将褶捻开,每个包子有固定的18个褶,褶花疏密一致,如白菊花形,最后上炉用硬气蒸制而成。

由于高贵友手艺好,做事又十分认真,从不掺假,制作的包子口感柔软,鲜香不腻,形似菊花,色香味形都独具特色,引得十里百里的人都来吃包子,生意十分兴隆,名声很快就响了起来。由于来吃他包子的人越来越多,高贵友忙得顾不上跟顾客说话,这样一来,吃包子的人都戏称他"狗子

卖包子，不理人"。久而久之，人们喊顺了嘴，都叫他"狗不理"，把他所经营的包子称作"狗不理包子"，而原店铺字号却渐渐被人们淡忘了！

据说，袁世凯任直隶总督在天津编练新军时，曾把"狗不理"包子作为贡品进京献给慈禧太后。慈禧太后尝后大悦，曰："山中走兽云中雁，陆地牛羊海底鲜，不及狗不理香矣，食之长寿也。"从此，狗不理包子名声大振，逐渐在许多地方开设了分号。

狗不理包子以其味道鲜美而誉满全国，名扬中外。狗不理包子倍受欢迎，关键在于用料精细，制作讲究，在选料、配方、搅拌以至揉面、擀面都有一定的绝招，做工上更是有明确的规格标准，特别是包子褶花匀称，每个包子都是18个褶。刚出屉的包子，大小整齐，色白面柔，看上去如薄雾之中的含苞秋菊，爽眼舒心，咬一口，油水汪汪，香而不腻，一直深得大众百姓和各国友人的青睐！

狗不理包子是中国灿烂饮食文化中的瑰宝，被公推为闻名遐迩的"天津三绝"食品之首。历经一百六十多年的狗不理包子，经几代大师的不断创新和改良已形成秉承传统的猪肉包、三鲜包、肉皮包和创新品种海鲜包、野菜包、全蟹包等六大系列一百多个品种，百包百味，特色超群。先后摘取"商业部优质产品金鼎奖""中国最佳名小吃""国际名小吃"等多个国内外评选和大赛的金奖，被消费者誉为"津门老字号，中华第一包"。

风味独特的"都一处烧麦"

都一处烧麦馆创业于乾隆三年（1738年），其创始人是山西省浮山县北井村人王瑞福，至今已有260多年的历史。以经营烧麦和山东风味炒菜为主要特色。

清初，许多山西人到北京做生意都发了财。王瑞福也从老家骑毛驴、搭脚车，千辛万苦来到北京，投宿在前门外鹞儿胡同的"浮山会馆"。一天，王瑞福坐在会馆后院西厢房的土炕上，正在寻思自己在京的出路。忽然门帘一锨，进来一位算命的同乡，王瑞福一时心血来潮，抽了一签，那位算命先生验后大喜道："哈！老弟福在眼前，快到前门大街鲜鱼口南摆酒缸去！"（意指开酒铺）王瑞福一听欣喜若狂，马上招呼一起来的两位同乡，在会馆"首事"（召集人）的帮助下，买通了地面上的官吏，开起了酒铺。

那时的酒铺为了招揽生意，都在门前挑起一根竹杆，杆上挂个酒葫芦，作为酒铺的标志。说来也巧，正当王瑞福犯愁没有葫芦挂时，路西有家酒铺正在换新葫芦，王瑞福走过去说了一通好话，分文未花，得了个破葫芦，用竹杆挑起，"王家酒铺"便正式开业了。

王瑞福从小在乡里跟着"跑大棚"的人（办红白喜事的厨师）学会了一手制作凉菜的手艺，"糟肉""凉肉""马莲肉"等样样拿手。顾客喝着时兴的"佛手露"酒，吃着味美的凉菜，很是惬意。从此，王家酒铺顾客越来越多。

山西人吃苦耐劳的精神和善于经营的本领是尽人皆知的。王瑞福办事勤俭，做生意精心，几年光景，小酒铺红火了，有了钱，他又在前门大街鲜鱼口南路东买下一块地皮，盖了两层小楼。小楼一层一进门是一大间木阁子房，左边是红案，切菜炒菜，右边是白案，做烧麦，包饺子。木阁子里面是营业室，有8张长方桌，两边放着长板凳，中间是通道，里面有两口大酒缸放置两旁，上面盖着木盖，亦当桌子，再往里是柜房。二层有5间雅座，每间放有一张桌子，雅座外边有5张桌子，用于卖散座。

　　从此，王记酒铺成为正式饭馆。但在门外仍然挂着那个破葫芦，因为王瑞福是凭借这个葫芦起家的，对其颇有感情，并希望它能给自己继续带来好运。而热情的顾客也把过去前门外一家有名酒馆的称谓——"碎葫芦"给予了王记酒铺。

　　一次，正值除夕夜，王瑞福正在招待顾客，只见进来3位顾客，从装束上看，可分一主二仆，主人是文人打扮。王瑞福忙把3人请到楼上饮酒，并殷勤招待。

　　这位主人几盅酒下肚后，对这个酒味浓香、小菜可口、招待周到，且在大年三十晚上仍不歇业的小店产生了兴趣，于是便问："你们这个酒店叫什么名字？"回答："小店没有名子。"这位主人看了看周围，听了听外面的鞭炮声，很感慨地说："这个时候还开门营业，京都只

都一处烧麦馆

有你们这一处了,就叫'都一处'吧!"王瑞福当时没有把这件事放在心上。

这位文人就是乾隆,乾隆回宫后,亲自写了"都一处"店名,将其刻在匾上。几天后,几个太监送来一块"都一处"的虎头匾,经太监说明,这块匾是当朝乾隆皇上御笔赏赐的,王瑞福立即向天叩拜,将匾挂在大木阁和营业室中间进门处,从此"都一处"代替了"王记酒铺"和"碎葫芦",生意日渐兴隆,成为京城名店。

"顶顶"大名"盛锡福"

"盛锡福"始创于1911年,是一家有多年历史的、著名的老字号帽店。其创始人是山东掖县刘占恩。盛锡福现地处繁华的王府井大街196号,以经营选料考究、做工精细、美观大方、坚固耐用的各种帽子而久负盛名。

追溯历史,盛锡福的前身叫"盛聚福帽庄",1911年山东掖县沙河镇湾头村人刘占恩,字锡三,在天津创办。刘锡三早年在青岛一家外国饭店当茶房,此人心细好学,在这期间学会了外语,后又经朋友介绍到美商"美清洋行"当实习生,学习出口草帽辫的业务。在掌握了核心的业务知识与技能之后,刘锡三下决心自己开店经营,于是,1911年他一边在美清洋行打工的同时学习经营之道,一边又与其表兄合资在天津估衣街归贾胡同南口租了一间门面,开设了"盛聚福帽庄",开始时制作草帽,秋天还做些弹棉花业务,买卖规模不大。

1917年起,刘锡三独自经营,他扩充门面、增加业务项目并将店名改

为"盛锡福帽庄",经注册以"三帽"为商标。"盛锡福"三字的含义分别是:"盛"即繁盛、兴盛、全盛、鼎盛之意;"福"是幸福、福气、福分、吉祥之意;"锡"在古汉语中与"赐"同意,即赐给、赐予、赏赐之意。"盛锡福"的意思是:谁戴上我的帽子,就会被赐予、带来幸福、吉祥。另外,商标中又包括"锡三"二字,暗指刘锡三自己的名字与理想。

到后来,刘锡三辞掉了美清洋行的工作,潜心经营自己的盛锡福帽店。随着时间的推移,他在经营方式上摸索出了一套前店后厂、产销合一的整体形式,创出了盛锡福的经营特色:产品市场信息反馈快,生产组织灵活调整快,能根据市场需求不断推出风格独特的新款式帽子,满足各阶层的需要,一句话就是:上得快、转得快、变得快。山东商人向来忠厚守信,再加上刘锡三这个人,心思巧密、善于发明,生意日渐红火。

他高价收购或定购优质原材料,高价聘请名师设计,店员整体素质高,制作的"三帽"牌帽子工艺精湛,经过多年的努力,超出了同行业其他店、厂,"盛锡福"的名声越来越大。1931年,盛锡福首创用各色毛线、棉线与棕丝帽辫制成各式帽子,在当时可谓是别出心裁,产品漂亮、时髦,很受人们的欢迎,不仅国内各地销售极好,而且还畅销于南洋群岛一带。

1934年增设毡帽工厂,自制呢帽胎,不靠进口,所用的全套制胎机器是刘锡三用20万银元从德国礼和洋行买来的,帽胎的原材料是用进口的澳洲羊毛。制帽胎的技师都是从上海高薪聘请的,经不断改进,染色和上胶,配方更加成熟了,克服了染色后膨胀松散的问题,毡帽色泽漂亮、受潮后也不变形,因此在国内外多次获奖。

此时,盛赐福在全国各地设庄分销达20余处,各店的货源由各作坊根据天津总店的要求加工制作。总经理刘锡三时任山东旅津同乡会会长,华商工会监察委员,可称是当时北方帽业的巨擘。

步步高升"内联升"

内联升鞋店创建于咸丰三年（1853年），其创始人是天津武清县人赵廷，以生产经营中国传统的千层底布鞋而闻名国内外。现总店坐落在北京前门大栅栏街，营业楼为古式建筑，雕梁画栋，富丽堂皇。

赵廷早年在一家鞋作坊学手艺，积累了一定的管理经验后，由京城一位大官丁大将军出资1000两白银入股，资助赵廷开办鞋店。当年，京城制作朝鞋的鞋店很少，于是赵廷决定办朝靴店，为皇亲国戚、朝廷的文武百官制作靴鞋，鞋店取名"内联升"。"内"指"大内"，意即朝廷，"联升"是"连升三级"的吉利话，寓意是穿了该店制作的朝靴，可以在朝廷官运亨通。

内联升开业近一个半世纪，初时店址在北京东江米巷（今台基厂）。1900年，八国联军入侵北京，东江米巷被焚，内联升毁于一旦；事后，赵廷又筹集资金，在奶子府（今灯市口西街）重新开业。1912年，袁世凯北京兵变，该店遭抢惨重。在此严重打击下，赵廷不久辞世，其子赵云书继承父业，将内联升搬到前门廊房头条。1956年公私合营后，又迁至大栅栏现址。

内联升靠制作朝靴起家，从一开始就对朝靴的制作质量要求甚高。朝靴鞋底厚达32层，但厚而不重；鞋面用上等黑缎，缎面厚，色泽好，久穿不起毛；穿着舒适轻巧，走路无声。当时人们反映，穿内联升朝靴上朝，人

显得稳重干练；在官场应酬，又显得风度翩翩，因而为满朝文武所喜爱。内联升在当年的经营中更有一个绝招：把来店定做朝靴的官员需要的式样、尺寸都一一按人登记下来，汇编成册，取名《履中备载》，以后这些官员如再次买鞋，只要派人告之，便可根据《备载》中的资料迅速做好送去，这些官员十分满意。同时，《备载》也为下级官员进见朝官送礼提供了方便。就这样，内联升的影响不断扩大，生意越加兴隆。由于朝靴旺销，其售价每双可高达数十两白银。

与此同时，内联升还做洒鞋。洒鞋又称"轿夫洒"，是轿夫们穿的布鞋。赵廷曾讲："要伺候好坐轿子的，也得想到抬轿子的。"洒鞋很实惠，结实耐磨、吸汗跟脚、走路无声，不但适宜轿夫穿，习武的人也喜欢。由朝靴到洒鞋，是内联升发展的成功之举。

1911年辛亥革命后，清式官靴已不合时宜。随着时代变化，内联升转而生产礼服呢面和缎子面的"千层底"布鞋。同时，又研制出牛皮底礼服呢面料的圆口鞋，其鞋底细瘦、轻巧、柔软，既有布鞋吸汗透气好的性能，又有皮底鞋富于弹性的特点，穿者潇洒、轻便、大方，深受知识界、文艺界人士的喜爱，服务对象仍然是社会上层人物。这期间，又有绣花鞋上市，花色、品种多样。

中药名铺"同仁堂"

同仁堂创建于清康熙八年（1669年），其创始人是浙江宁波人乐显扬，距今已有340多年历史。现同仁堂集团公司在全国中药业具有名厂、名店、名药的优势。

闻名于世的北京同仁堂乐家老铺，是乐氏家族"祖遗共有"、世代经营的药店。从清康熙八年乐显扬始创同仁堂药室，至新中国成立后1954年同仁堂公私合营，百年来都是由乐氏家族为主要铺东和经营者，并且始终掌握着同仁堂关键的制药技术。

据乐氏宗谱记载，乐姓祖籍是浙江宁波府慈水镇，其先辈于明永乐年间移居北京，并以串铃走巷行医为业。乐氏在北京的始祖乐良才就是一位走街串巷行医卖药的铃医。"铃医"是旧社会的一种民间医生，他们手摇串铃，周游四方，负笈行医卖药，故又称串铃医、走方郎中、草泽医等。铃医治病与正统坐堂中医不同，它自成体系，针、药独特，治病取其速效，有验、便、廉的特点，医疗上往往能见奇效。

乐良才之子乐延松继承了其父的铃医衣钵，为适应大城市的医药需求，开始学习中医经典理论和方药著作，开阔知识视野，朝着正统中医药的方向转变。这种转变，又经过乐氏两代人的努力，延续到北京三世乐怀育、再传至四代乐显扬，于清初当上了清太医院吏目，结束了乐氏祖传的铃医生涯。

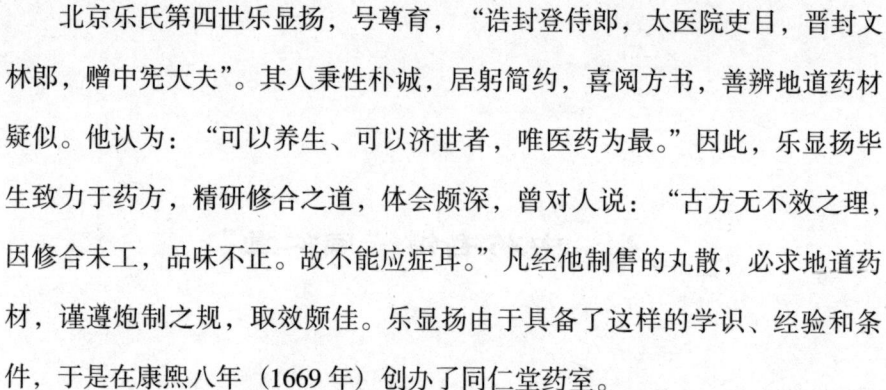

北京乐氏第四世乐显扬,号尊育,"诰封登侍郎,太医院吏目,晋封文林郎,赠中宪大夫"。其人秉性朴诚,居躬简约,喜阅方书,善辨地道药材疑似。他认为:"可以养生、可以济世者,唯医药为最。"因此,乐显扬毕生致力于药方,精研修合之道,体会颇深,曾对人说:"古方无不效之理,因修合未工,品味不正。故不能应症耳。"凡经他制售的丸散,必求地道药材,谨遵炮制之规,取效颇佳。乐显扬由于具备了这样的学识、经验和条件,于是在康熙八年(1669年)创办了同仁堂药室。

堂名"同仁",是由乐显扬亲自拟定的,他说过:"'同仁'二字可以命堂名,吾喜其公而雅,需志之。"后世存于北京大栅栏同仁堂的一块老匾,成了这段历史的见证,故立匾时的康熙八年(1669年)成为北京同仁堂肇始之时,乐显扬则为北京同仁堂的肇始之祖。

清康熙二十七年(1688年),乐显扬逝世。三子乐凤鸣恪守父训,接续祖业,于康熙四十一年(1702年)在北京前门外大栅栏路南开设同仁堂药铺。乐凤鸣号梧岗,"官至内阁中书,封文林郎,例晋奉直大夫。"乐凤鸣幼承家学,精通医药,在同仁堂药铺创业伊始,不惜五易寒暑之功,刻意精求丸散膏丹及各类剂型配方,于康熙四十五年(1706年)分门汇集成书,名为《乐氏世代祖传丸散膏丹下料配方》。该书收载宫廷秘方、古方、家传秘方、历代验方362首,序言中提出"遵肘后,辩地产,炮制虽繁必不敢省人工,品味虽贵必不敢减物力",从而为同仁堂制作药品建立起了严格的选方、用药、配比及工艺规范。自此以往,同仁堂制售的各种药品,对症服用,无不应验,满足了医药上的广泛需求,在社会上很快树立起了良好的信誉。

为了方便医家和仕商选购药品,乐凤鸣还印制了《同仁堂药目》一册,迅速波及全国,同仁堂声誉大振,不但一般病家、商客云集赐顾,以至雍正初清宫御药房用药亦必指令到同仁堂拣选。故此,世人称誉同仁堂曰:

"门擅桐君之术，家传葛氏之方。"

同仁堂生产的中成药有 800 多种，以"十大王牌"最为著名。它们是安宫牛黄丸、苏合香丸、再造丸、安坤赞育丸、乌鸡白凤丸、局方至宝丹、紫雪散、大活络丹、参茸卫生丹、女金丹。如加上牛黄清心丸、十香返魂丹和虎骨酒，合称为"十三太保"。

这里要特别称道的是，与同仁堂字号一起名扬四海的独家特产——"安宫牛黄丸"和"乌鸡白凤丸"。"安宫牛黄丸"是我国珍贵的中成药之一，用它治疗高烧不退、神昏谵语、脑炎及高血压引起的昏迷等危急病人，具有突出的疗效。用它治疗乙型脑炎、脑血栓等病不但疗效显著，而且一般不留后遗症。

"乌鸡白凤丸"是用乌鸡配以人参、鹿角胶等补药精制而成的名贵中成药。它具有补气养血、健身益智、滋阴润颜等功效，对于妇女气血两亏、经血不调等多种病症有特殊疗效。

同仁堂生产的中成药工艺精湛，从购进原料到包装出厂，有上百道工序，有严格的工艺要求，各种珍贵细料药的投放，其误差控制在微克以下。酒类要经过浸煮、过滤、圈缸等几十道工艺，除尽苦味，溶解药质，使药料中的有效成分溶于酒中。水丸泛制的工艺标准要求反复筛选，丸粒药大小均匀、颜色一致。

同仁堂生产的中成药质量上乘。1954 年，清产核资时，在大栅栏同仁堂药库中曾清理出一批清代末年制造的一千多丸活络丹、苏合香丸和再造丸。经查验，这些蜜丸依然色泽鲜艳、药香浓郁、药效不减。据知，在北京故宫博物院存藏中，保存有同仁堂百年以前所制作的御用成药，也是依然完好如初。

扩展阅读　一得阁的由来

一得阁由谢崧岱于清朝同治四年（1865年）创建，是中国第一家专门制造墨汁的企业。一得阁现坐落于北京市东城区琉璃厂东街67号。它主要生产、销售墨汁、印泥，经营文房四宝及工艺品等。

一得阁的创始人是安徽人谢崧岱。他自幼苦读四书五经，立志通过科举考试求取功名，光耀门楣。在考取了秀才、举人之后，他满怀信心到北京来赶考。在考场上，他注意到凡是参加考试的人都是现磨墨，占去了许多宝贵的时间。有时，试卷还没有答完，砚台里的墨已经干了，还要停下笔继续磨墨。而且，考场上"嚓嚓"的研墨声也使人感到甚为躁乱，扰乱了答题的思路。这样，在他考试落第后便萌发了制作墨汁出售的想法。

从此，谢崧岱开始潜心研究墨汁的制造方法。最初，他把事先研好的墨汁，拿到考场外去出售，颇受举子们的欢迎。以后，他又进一步研究生产墨汁的工艺，找到了浸泡墨块成汁的方法，直接制成墨汁，这使墨汁的产量大大增加。在随后的几年中，他通过向举子们直接销售墨汁、沿街叫卖、兜售等途径，打开了销路，积累了一些资金。1865年，谢崧岱在琉璃厂购置了门面房，开设了一家制造、销售墨汁的作坊，并亲自题写了店名"一得阁"。这位落第举子亲笔题写的匾额，多年来保存完好，悬挂至今。为了向世人表明店名的寓意，谢崧岱还写了一副"藏头联"："一艺足供天下用，得法多自古人书。"

此外，谢松岱选择店址时有一个说法：一得阁老店址，东边靠东北园胡同，西边靠双鱼胡同，形成了两根轿杆抬起一得阁。而制作墨汁离不开水，因此双鱼就成了"水里求财"。或许这也正是一得阁历经百余年而不衰的一个缘由吧！

魏晋以前，我国书写主要用漆和石液。魏晋时期，出现了用漆烟、松煤制作的"墨丸"，后来又逐渐发展成为"墨块"。在一得阁创办以前，北京的琉璃厂、打磨厂和隆福寺的有些书铺已开始自己制"松烟墨"印书。不过，各书铺从来没有把墨汁作为商品出售，一得阁专门生产和销售墨汁是首创。

一得阁生产和销售墨汁极大地方便了读书人，省去了人们研墨之累，受到了社会的欢迎。为了扩大产品销路，谢松岱不断改革生产工艺和产品质量。他先用制墨的原料，如松烟、骨胶、芦盐等，调配研磨，生产出墨原汁，然后用玻璃或瓷瓶包装，可使墨汁保存长久和芳香依旧。这样，一得阁的墨汁很快赢得了顾客的信赖，生意逐渐兴隆起来。特别是随着新式学堂的兴起，使用墨汁的人多了起来，一得阁墨汁更加畅销。

谢松岱有一个门下弟子叫徐洁滨，河北省深县人，他头脑灵活、经营有方，扩大了一得阁的生产规模，增加了墨汁的种类，沿用和发扬了人工古法制作墨汁的工艺。在经营一得阁原有店铺的同时，徐洁滨开设了墨汁制造厂，在文人荟萃的天津市和郑州市开设了分店，在上海和西安市联合开办了专营代销店。墨汁的种类也多了起来：一类是油烟类，品种有云头艳墨汁、兰烟墨汁、亮光墨汁、桐油墨汁、大单童和双童墨汁、油烟墨汁等；一类是松烟类，品种有阿胶松烟、五老松烟、小松烟等。油烟墨汁是书画家们用的佳品，松烟墨汁是书写小楷字和工笔绘画的佳品。它们的配方比例按照季节气候进行调整，以适合四季的气候变化。

一得阁不仅以生产墨汁著名，"八宝印泥"也是其传统的产品。八宝印泥的制作，不但要有红宝石、红珊瑚、珍珠、金箔、朱砂、麝香、冰片这

些稀有珍贵的物质，还需有贮存百年的蓖麻油进行调制，再经过阳光晒和冬天的自然冷冻。通过复杂、严格、精细的工序生产出来的八宝印泥，不但一年四季适用，而且具有如下特点：颜色纯正、印鉴清晰、不怕日晒、不怕火烤、不怕水浸、久存不干、气味清香。

从谢崧岱创办一得阁以后，第一代传人徐洁滨和第二代传人张英勤等不断改进工艺，为老店的发展做出了贡献。

一得阁墨汁不仅受到大众的喜爱，更得到了书画艺术界人士的赞誉。著名书法家启功先生题诗赞道："砚池旋转万千磨，腕力终朝费几多。墨汁制从一得阁，书林谁不颂先河。"书法家陈叔亮在试墨时写道："一得阁墨汁色泽纯美，胶度适中，挥洒流畅，墨中之宝也。"在新世纪里，一得阁将发挥老字号的独特优势，为弘扬中华民族的优秀文化做出更大的贡献。